무엇이 학교를 바꾸는가

무엇이 학교를 바꾸는가

상처의 교실을 위로의 공간으로 치유하는 한국교육 처방전

이준원 지음

학교가 아프다

우리나라 학생들이 아프다. 몸보다 마음이 더 많이 아프다. 학생만 아픈 게 아니라 교사도 아프고, 학부모도 아프다. 한결같이 몸보다 마음이 더 많이 아프다. 행복한 미래를 꿈꾸고 서로 희망을 보듬어주며 살아가는 공간이 학교일 텐데, 어찌 된 일인지 모두 상처받고 아픈 마음이 시작되는 곳이 학교가 되어버렸다. 어디가 잘못되어도 한참 잘못되었다.

이런 현실에 대한 개탄이 물론 어제오늘에만 있었던 건 아니다. 어찌 보면 너무 오래된, 그럼에도 여전히 현재형인 우리 사회의 숙제인 셈이다. 왜 그런 것일까. 우선 대한민국에서 학교와 교육은 여전히 구성원의 행복보다 성적과 입시를 최우선 목표로 두기 때문이다.

코로나19가 온 국민의 삶을 송두리째 삼켜버린 2020년은 공부를 잘했던 소위 엘리트들의 특권의식과 우월주의, 폐쇄적인 집단주의 행태가 적나라하게 드러났다. 이 어려운 시기에 '성적 지상주의'의 열매가 더욱 도드라지게 확인되어 참담한 마음 금할 길이 없다. 학교나 학생들을 소재로 한 드라마나 영화만 봐도 이런 엄연한 현실을 금세 확인할 수 있다.

우리는 왜 병든 학교 이야기에 열광하는가

한낮의 열기가 뜨거운 유월 어느 날.

한 초등학교 교실에서 학생들이 얌전히 앉아 자습을 하고 있다. 하지만 모두가 공부에 열심인 건 아니다. 한 아이는 한 손을 턱에 괸 채 꾸벅꾸벅 졸다 못해 낮잠 삼매경에 빠져들었다. 또 다른 아이는 어깨를 들썩이고 손가락을 까닥거리더니 눈동자까지 이리저리 굴리면서 혼자만의 장난에 열중이다. 자습 중인 학생들 역시 밝은 표정과는 거리가 멀다. 마치 성과와 승진에 목메는 직장인들처럼 무언가에 쫓기듯이 연필을 바삐 움직이고만 있다.

무엇보다 학생들을 애정 어린 눈으로 바라보아야 할 선생님이 보이지 않는다. 마침내 나타난 선생님은 졸고 있던 학생을 잡아내어 체벌을 가한다. 혼자 장난에 빠져 있던 학생이 하품을 하자 땡볕이 내리쬐는 운동장을 돌고 오라며 더 가혹한 벌을 준다. 자습을 하던 학생들은 선생님의 서릿발 같은 태도가 무서워 재빨리 문제집으로 눈길을 내려뜨린다.

학교 교실 밖 풍경은 어떨까. 한국의 최상위 0.1%만이 입주할 수 있다는 한 고급주택에선 어머니와 아들의 말다툼이 한창이다. 아들은 한국 최고의 명문 의과대학교에 합격했지만 무슨 일인지 어머니와 인연을 끊겠다고 난리를 치고 있다.

"나, 일곱 살 때부터 일 년 삼백육십오 일 단 하루도 쉬지 않고 공부했어. 내가 아파도, 다쳐도, 쓰러져도, 나 새벽 두 시까지 학원으로 내몰았잖아. 일등 못하면 밥 먹을 자격도 없다고 했어 안 했어? 서울 의대 합격증 줬잖아. 그게 소원이라며. 그러니까 이제부터 나는 내 인생 살 거야. 내가 살고 싶은 내 인생!"

또 다른 집에서는 중학생인 아들이 시험 성적을 닦달하는 엄마의 성화에 못 이겨 편지를 써놓고 무단가출을 감행한다. 중학생 아들이 써놓은 편지의 첫 문장은 이렇다.

"태어나서 죄송합니다. 저도 100점 받고 싶은데 그러지 못해서 죄송합니다."

또 다른 대학교수인 아버지는 시험 성적이 떨어져 주눅이 들 대로 든 쌍둥이 아들에게 일장연설을 시작한다.

"현실을 직시해! 대한민국에서 교육이 뭔 줄 알아? 시험 잘 치르게 하는 거야. …… 선의의 경쟁도 이긴 놈만 말할 자격이 있는 거야."

의사 남편과 전교 일등을 밥 먹듯이 하는 수험생 엄마는 또다른 수험생 엄마에게 충고랍시고 이렇게 일갈한다.

"너만 행복하면 돼? 자식이 실패하면 그건 네 인생도 쪽박인거야!"

앞 장면은 유튜브로 화제가 되었던 단편영화 〈유월〉의 도입부이고, 뒤 장면들은 몇 년 전 높은 시청률을 기록했던 드라마 〈SKY 캐슬〉 몇몇 신을 뒤섞어놓은 것이다.

영화와 드라마라는 특성상 관객과 시청자들의 호기심을 자극하고 흥미를 유발하는 극적인 장면들로 가득 차 있는 건 사실이다. 그럼에도 수많은 사람이 병든 학교와 교육 이야기에 열광했던 건 그만큼 이 '허구'가 우리가 외면하고 싶은 현실의 치부를 아프게 건드렸기 때문일 것이다. 아니, 영화나 드라마보다 훨씬 더 영화 같고 드라마 같은 비극이 지금도 어디에선가 일어나고 있을지 모른다. 지금 이 순간에도 성적에 비관하고, 교우관계에 낙담하고, 학교생활에 적응하지 못하고, 부모와의 갈등을 못 견뎌 극단적인 선택을 하는 청소년들이 적지 않다.

드라마 〈SKY 캐슬〉에서 주인공 이수임은 말한다.

"할 수 있는 것부터 해봐요. 아이들이 그렇게 괴로워하는데 손놓고 구경만 할 수는 없잖아요. 애들을 지켜야죠. 보호해야죠."

단편영화 〈유월〉에서 좀비 바이러스에 걸려 의미 없는 동작만 반복하는 학생들의 바이러스 치료제는 다름 아닌 춤이었다. 교실에서 좀비처럼 무의미한 동작만 반복하는 어린 학생들의 어깨 위에 선생님의 따뜻한 손길이 스쳐 가는 순간 좀비 바이러스는 춤 바이러스로 변하고, 학생들 역시 저마다 유쾌하고 활기찬 춤꾼으로 변신한다. 아마도 감독은 춤을 학생들 저마다 가지고 있는 재능과 끼로, 좀비 같은 동작을 획일적으로 강요되고 제시되는 성적과 입시 위주의 교육으로, 그리고 좀비 바이러스가 퍼진 학교를 일방적인 가치관만이 횡행하는 학교 현장의 분위기로 꼬집으려 했던 것 같다.

교정의 은행나무들이 전해준 말

마음이 아픈 학생, 그들이 병들어가는 학교, 똑같이 아파하는 교사와 학부모, 그리고 희망이 사라져가는 한국의 교육 현실은 과연 치유될 수 없는 병에 걸린 것일까. 하지만 나는 놀랍게도 상처가 아물고, 아픈 마음이 치유되며 행복을 향한 기대가 봄날 아지랑이처럼 피어나는 기적 같은 희망을 보았다. 36년 동안 이어온 교직 생활 중 마지막 8년을 보낸 혁신학교 덕양중학교에서였다.

덕양중학교에 부임하던 해의 첫 출근길이 바로 어제 일처럼 눈앞에 떠오른다. 서울과 경기도 고양시의 경계 지점, 개발 제한 구역으로 묶인 낙후되고 후미진 골목길 끝에 있던 덕양중학교는 첫인상부터 그리 평범하지 않았다. 학교로 이어지는 도로는 아스팔트가 깨져 있거나 움푹 파인 채 방치된 흔적이 역력했고, 군부대 철조망도 눈에 띄어서 누가 봐도 교육적인 풍경과는 거리가 멀었다.

그렇게 들어선 교정에서 나를 처음 반긴 건 병풍처럼 학교를 빙 둘러싸고 있는 은행나무였다. 그 나무들은 그때껏 계절마다 달라진 표정으로 묵묵히 학교를 내려다보았을 것이다. 봄이면 연둣빛 작은 잎새를 가지 끝에서 수줍게 내밀고, 여름에는 울창한 나뭇잎으로 시원한 그늘을 드리웠으며, 가을이면 교정을 노란빛으로 물들이며 수채화 같은 풍경을 펼쳐 보였을 것이다. 무엇보다 그 나무들은 학생들이 뛰어놀고 공부하고 성장하는 모습을 비가 오나 눈이 오나 말없이 지켜봐 주던 존재들이었을 것이다. 은행나무들은 학생과 교사, 학부모로 이루어진 배움의 공동체가 성장하기까지는 자기들처럼 기다리고 인내하는 시간이 필요하다고 내게 조언이라도 건네는 듯 사락거렸다.

그해 가을 강력한 태풍이 온 나라를 휩쓸고 지나갔다. 이튿날 아침 일찍 나가보니 예상대로 운동장과 주차장 곳곳에 은행잎이 찢어진 휴짓조각처럼 어지럽게 널려 있었고, 채 영글지 못한 열매들도 여기저기 굴러다녔다. 하지만 나무들은 밤새 대지를 뒤흔들던 무시무시한 비바람에도 자기 자리를 굳건하게 지키고 있었다. 그토록 무섭게 몰아친 비바람을 어떻게 견뎌낼 수 있었을까. 놀랍고도 경이로웠다. 겉으로만 봐선 나무들은 제각각 한 그루 나무들일 뿐이다. 하지만 땅속 깊이 내린 각자의 뿌리가 엉켜서 서로를 꼭 붙잡아준다면, 그때부턴 혼자가 아닌 여럿일 수 있다. 거센 비바람을 버텨낸 바탕에는 겉에선 보이지 않는 이러한 이치가 작용했을 것이다.

그 은행나무들은 학교를 어떻게 변화시켜야 하는지 내게 말해주는 것 같았다. 학생들이 손잡고 함께 성장하면서 장차 세상을 살아가며 맞닥뜨릴 비바람을 견뎌낼 수 있는 힘을 길러야만 한다고. 겉은 화려하지만 작은 비바람에도 날아가 버릴 열매나 잎새가 아닌 뿌리를 깊고 튼튼하게 하는 교육이 우선이라고.

아무리 잎사귀가 무성하고 열매가 알차도 뿌리가 깊지 못하다면 나무는 몰아치는 비바람을 견디지 못하고 쓰러질 것이다. 설사 부러지는 일이 있더라도 뿌리가 깊은 나무라면 다시 새순을 틔워 한결 튼튼하게 성장할 수 있을 것이다. 덕양중학교에서 추구해야 할 교육도 이처럼 근원적으로 강한 내면을 길러주는 방향이어야 한다고, 나는 생각했다.

더불어 사는 삶을 가꾸는 행복한 배움의 공동체!

덕양중학교의 교육 목표는 '더불어 사는 삶을 가꾸는 행복한 배움의 공동체'이다. 그 8년 동안 덕양중학교는 점차 희망을 키우며 변화해갔다. 학생, 교사, 학부모가 서로를 존중하고 협력하는 배움의 공동체로서 세상에 점차 알려지기 시작했다.

학교의 변화를 피부로 느낄 수 있는 곳은 등교하는 아이들을 맞이하는 교문이었다. 매일 아침 나는 학생들과 하이파이브를 하고 환영 인사를 나누면서 활기찬 표정들과 마주했다.

언젠가 방과 후 학생들이 운동장에서 축구하는 모습을 보고 있을 때였다. 한 학생이 저만치에서 다가오자마자 울음을 터뜨렸다. 가만히 보니 화가 잔뜩 난 어머니가 뒤에 서 있었다.

"너, 왜 우니?"

깜짝 놀란 내가 학생에게 물었다. 학생은 울음을 그치지 못하면서 억울하다는 듯이 말했다.

"엄마가 나를 안 믿어요."

"그게 무슨 말이야? 뭘 안 믿으신다는 거니?"

그러자 뒤에 있던 어머니가 몹시 난처해하면서 내게 묻는 것이었다.

"교장 선생님, 죄송한데요. 혹시 우리 아이한테 용돈 주신 적 있으세요?"

나는 얼떨떨해 어머니와 학생의 얼굴을 번갈아 보았다. 어머니 설명인즉 당신은 용돈을 준 적이 없는데, 아들이 슈퍼마켓에서 친구들과 군것질하는 모습을 목격했다는 것이다. 어머니는 '혹시나' 하는 조바심에 다그쳤고, 아들은 교장 선생님이 용돈을 주었다고 대답했다는 것이다. 어머니는 아이가 거짓말한다고 직감했고, 교장 선생님께 직접 확인하기 위해 데리고 온 것이었다.

그제야 나는 어떤 일인지 알 수 있었다. 오늘 방과 후에 입학한 지 며칠 안 되어 아직은 초등학생으로 보이는 1학년 아이들 일곱 명이 축구를 하고 있었다. 아이들 축구하는 모습이 너무나 귀여워서 친숙해질 겸 교장이 함께하는 4대4 축구 시합을 벌였다. 경기가 끝난 뒤에 맛있는 간식이라도 사먹으라고 만 원을 건넸던 거였다. 자초지종을 전해 들은 어머니는 아이에게 미안함을 느끼면서 어쩔 줄 몰라 했다. 나는 어머니의 난처함도 풀어줄 겸 부드럽게 말했다. 매주 목요일 저녁마다 열리는 '이슬비 사랑 학부모 교실'에 참석하시라고.

'이슬비 사랑 학부모 교실'은 아이들에 대한 사랑이 이슬비처럼 잔잔하면서도 꾸준해야 한다는 의미로 지은 학부모 대상 내면치유 수업이다. 가정은 교실보다 더욱 중요한 학교이다. 그러므로 부모의 내면을 치유하여 아이와의 관계를 회복하는 것이 교육을 살리는 지름길이 된다는 모토를 내걸고 시작한 프로그램이었다. 그 학생의 어머니는 아버지와 함께 2년 내내 '이슬비 사랑 학부모 교실'에 참석했다. 어머니는 그날 아들의 말을 믿지 못하는 스스로를 돌아본 게 틀림없다.

다음 날 등교 시간이었다. 교문에서 다시 만난 아이는 무척 해맑고 씩씩한 얼굴로 활짝 웃었다. 어머니와 오해를 풀고, 어머니가 자신을 신뢰하게 되었다는 사실에 당당해질 수 있었던 것이다.

학교를 바꿔나가는 건 단지 한 개인이나 몇몇 사람만의 노력으로 이룰 수 없다. 학생, 교사, 학부모, 지역사회가 공동체 의식을 갖고 서로 신뢰를 회복해나갈 때, 비로소 조금씩 행복한 공동체로서 싹이 피어날 수 있다.

덕양중학교는 폐교될 위기를 헤쳐나가기 위해 혁신학교로 새롭게 출발하면서 많은 변화를 시도했다. 공모제를 통해 교장을 선출했고, 권위주의를 내려놓는 대신 섬김과 존중의 리더십 문화를 정착시켰으며, 교장실은 누구나 언제든 방문할 수 있는 열린 공간으로 만들었다.

교사, 학생, 학부모가 열띤 토론과 협의로 생활협약서를 제정했으며, 협력과 소통이 있는 교원학습공동체를 열정적으로 가꿔나갔고, 직접민주주의를 배우는 아고라 대토론회나 내면치유로 변화를 이끌어내는 학부모 교실 등도 열었다. 학생들 스스로 계획해서 이끄는 '1박 2일 평화기행'을 시도했고, '아버지 교실'도 열었으며 졸업을 앞둔 학생들을 대상으로 '몸짓 프로젝트'를 통해 각종 악기와 뮤지컬, 합창, 미술 등을 배우는 과정도 만들었다. 그 밖에도 변화와 혁신을 위한 수많은 시도가 있었다.

때로는 시행착오를 겪기도 했지만 그보다 훨씬 많은 성과를 거둘 수 있었다. 우려와 기대가 교차하는 순간에도 학생, 교사, 학부모 모두는 '더불어 삶을 가꾸는 행복한 배움의 공동체'에 대한 꿈을 포기하지 않았다.

그 결과 학생들의 얼굴에 웃음이 피어났고, 목소리엔 활기가 넘쳤으며 이전보다 훨씬 나아진 학업 성취도를 이루어냈다. 학부모들 또한 안심하고 학생들을 학교에 보냈으며, 이는 가정의 화목으로까지 이어졌다.

덕양중학교의 이런 변화가 한국 교육 현장에서 희망의 신호 탄이 될 수 있을까. 덕양중학교만의 특수하고 단편적인 사례가 아닌 보편적인 교육의 대안으로 자리 잡을 수 있을까.

학생도, 교사도, 학부모도 모두가 상처받는 교육

성적과 입시 스트레스에 시달리며 학교 수업이 끝나도 학원으로 내몰리는 학생, 입시 결과와 성적에만 전전긍긍 매달리는 학부모, 갈등과 압박감을 이겨내지 못하고 극단적 선택을 하는 아이들······. 대한민국의 교육 현장에서 드물지 않게 마주하는 민낯이다. 이런 토양에서는 학생, 교사, 학부모 그 누구도 행복할 수가 없다.

조지 베일런트(George Vaillant)의 《행복의 조건》은 하버드대학교의 '성인발달연구(Study of Adult Development)'를 토대로 '건강하고 행복한 노년을 부르는 행복의 조건 7가지'를 도출해낸 책이다. 이 책에서는 3개 집단, 814명[1]의 거의 평생에 해당하는 60년에서 80년에 이르는 시간을 추적 관찰하면서 "어떻게 살아야 행복한 노년에 도달할 수 있는지"에 대한 나름의 조건을 제시하고 있다.

이 책에서 베일런트는 신체·정신적으로 건강한 노화를 예견하는 일곱 가지 주요한 행복의 조건을 꼽았는데, 첫 번째 언급한 것은 고통에 대응하는 '성숙한 방어기제'이다. 방어기제란 우리 자아가 불쾌하고 안 좋은 상황에 부딪쳤을 때 만들어내는 심리적 대처 작용인데 크게 '정신병적 방어기제', '미성숙한 방어기제', '신경증적 방어기제', '성숙한 방어기제' 네 단계로 구분된다. 베일런트가 말하는 '성숙한 방어기제'란 방어기제의 가장 높은 단계로, 살면서 부딪칠 수밖에 없는 갖가지 안 좋은 상황을 더욱 심각하게 몰아가지 않고 긍정적으로 전환할 수 있는 내면적 힘을 말한다.

《행복의 조건》에서 놀라운 점은 '건강하고 행복한 노년을 부르는 행복의 조건 7가지'에 부유함이나 명예, 학벌이나 사회적 성취 같은 목록은 언급되지 않는다는 것이다. 그 대신 책에서 꼽는 행복의 요소들은 교육, 안정된 결혼생활, 45세 이전의 금

---

1 3개의 표본 집단은 1920년대에 태어나 사회적 혜택을 받으며 자라난 268명의 하버드대학교 졸업생 집단, 1930년대에 출생한 이들 중 사회적 혜택을 누리지 못한 456명의 이너시티 고등학교 중퇴자 집단, 1910년대에 태어난 지적 능력이 뛰어난 90명의 중산층 여성 집단이다.

연, 알코올 중독 경험 없음, 규칙적인 운동, 적당한 체중이다. 물론 미국과는 큰 차이가 나는 한국 사회의 특수성이나 시대적인 상황 등도 고려해야 하지만 《행복의 조건》에는 우리 사회가 참고할 만한 점이 분명 적지 않다.

《행복의 조건》만을 참고한다면 한국인들의 행복도는 그리 높아 보이지 않는다. 미성년과 성년을 막론하고 첫 번째 조건으로 언급한 '성숙한 방어기제'가 많이 부족한 것 같다. 막대한 부를 이룬 사람이나 뛰어난 성적을 거둔 학생이나 모두 외부의 작은 충격에도 흔들릴 만큼 방어기제가 취약해 보인다. OECD 국가 전체 자살률 1위라는 불명예를 오랫동안 유지하는 이유 중 하나도 그것과 무관하지 않을 것이다. 어찌 보면 사회 전체가 신경쇠약에 걸려 있는 느낌마저 든다.

내면이 허약한 사람은 눈에 보이는 외적인 가치에만 집착한다. 하지만 아무리 부나 명예, 권력을 많이 누렸을지라도 자기 자신에 대한 평가 기준이 내부가 아닌 외부 시선에만 머물러 있을 때, 그의 내면은 공허할 수밖에 없다. 그리고 그런 사람이 많은 사회는 건강할 수 없다. 경제개발과 산업화, 민주화를 너무 짧은 시간에 성취해낸 한국의 아버지, 어머니 들은 그동안 내면을 돌볼 시간이 부족했다. 넓은 아파트와 넉넉한 통장 잔고를 만드는 데 모든 에너지를 쏟아부은 나머지 내면은 수수깡처럼 텅 비고 말았다. 그리고 치유되지 못한 그들의 내면아이들은 지금 이 순간에도 서럽게 울고 있다.

"세상이 왜 피라미드야. 지구는 둥근데. 왜 피라미드냐고!"

드라마 〈SKY 캐슬〉에서 쌍둥이 고3 중 둘째인 기준이 '이 세상은 꼭대기에 올라선 자가 모든 것을 누리는 피라미드'라고 강조하는 아빠 차민혁 교수의 피라미드 모형을 깨뜨리며 외치는 대사이다. 그럼에도 성공과 출세, 경쟁에서 승리만을 삶의 유일한 가치로 내면화한 드라마 속 아버지 차 교수의 내면아이는 여전히 치유되지 못한 채 그와 아이들을 공부로만 내몰고, 그 결과는 이혼 위기로 이어진다.

학생과 교사와 학부모 모두가 상처받고 아파한다면 그것은 우리 교육이 분명 잘못된 방향으로 가고 있다는 방증이다. 자라나는 학생들이 행복한 삶을 이룰 수 있도록 준비해주는 것이 교육의 목표가 되어야 한다. 모두의 상처를 치유하고 행복을 향한 희망을 꿈꾸는 교육으로 어떻게든 바꿔나가야 하지 않을까.

덕양중학교는 상처와 치유, 좌절과 희망의 대한민국 축소판

폐교 위기에 놓였던 그 시절, 덕양중학교는 자포자기와 무기력과 낙담에 중독된 학생, 교사, 학부모가 웅크리고 있는 대한민국 교육의 축소판이었다. 하지만 무너진 흙더미에서 꽃이 피어나듯 경쟁은 협력으로, 배제와 무시는 환대와 소통으로, 좌절은 희망으로 바뀌었다. 나 자신조차 반신반의하던 일들이 하나씩 실현되었다. 그것을 가능하게 한 가장 큰 원동력은 학생, 교사, 학부모 모두가 함께 키워나간 배움의 공동체를 향한 꿈이었다.

앞서 언급했듯이 2012년 3월 처음 부임한 날부터 마지막 퇴임하는 날까지 내가 거의 하루도 빠짐없이 실천했던 일이 있다. 바로 등교 시간 교문에서 학생들과 만나 인사를 나누는 '아침맞이' 행사였다. 처음에는 폐교 위기를 살려준 아이들에 대한 고마움이 컸다. 서울에서 후미진 동네까지, 번듯하고 살기 좋은 동네에서 멀리까지 찾아와준 데 대한 고마움을 표시하고 싶었다. 그러나 매일 교문에서 하는 아침맞이에는 더 깊은 의미가 감춰져 있음을 실천하는 와중에 깨달았다.

먼저 학교의 첫 번째 주인은 학생이라는 사실이다. 학생이야말로 학교의 주인이다. 따라서 학생은 교문에 들어서는 순간 그 자체로 환영받는 존재가 된다. 학생들은 교장을 비롯한 선생님들에게 따뜻한 인사와 환영을 받으면서 스스로 자존감이 올라가는 소중한 경험을 한다. 아침맞이에서는 성적이 뛰어나지 않아도, 수업 태도가 훌륭하지 않아도, 평소 쾌활하지 않아도 모두 평등하게 학교의 주인이라는 사실만으로 충분히 환대받을 자격이 있었다.

나는 교장실을 열린 공간으로 공개했다. 학교의 주인인 학생이라면 언제나 누구든 원하면 문을 열고 들어올 수 있었다. 처음에는 어색해하고 부끄러워하던 학생들이 쉬는 시간이나 점심시간에 들어와서 기타도 치고 환담도 나누면서 편안한 안방처럼 여기기 시작했다. 그럼에도 모든 학생이 교장실을 찾아오는 건 아니어서 전교생을 살피는 건 현실적으로 어려웠다. 그래서 매일 반복하는 아침맞이 행사는 자주 만날 수 없는 학생들까지 하루에 한 번씩 얼굴을 마주하는 기회가 되었다. 매일매일 인사를 나누면서 학생들의 기분이 어떤지 표정도 살피고 집안 분위기까지 슬쩍 엿볼 수 있었던 것이다.

환영과 환대로 허물어진 벽

언젠가 이전 학교에서 완전히 사고뭉치로 소문난 학생이 전학을 왔던 적이 있다. 그 학생은 사소한 실수로 사고를 저질렀던 게 아니었다. 분노를 참지 못해 유리창을 깨고, 친구들에게 폭력을 휘두르거나 소리를 지르고, 선생님에게 대드는 등 큰 말썽을 일으켜 선생님들조차 두 손 두 발 든 학생이었다. 그런데 어찌 된 일인지 우리 학교에 머물다 호주로 이민 가기까지 두 달 동안은 단 하루도 사고를 친 적이 없었다. 친구나 교사들과 이렇다 할 갈등조차 겪지 않았다.

나는 이 문제를 가지고 정신과 의사 선생님과 대화를 나눈 적이 있다. 그리고 상담을 통해 전문적인 치료가 필요한 중증 환자가 아니라면 사춘기에 나타나는 반항은 주변의 따뜻한 환대나 관심, 사랑만으로 얼마든지 변화시킬 수 있다는 사실을 깨달았다. 그 학생의 경우 이전 학교를 다닐 때는 다가오는 친구하나 없고, 다른 학생의 부모님들도 그를 멀리하라고 충고만 했을 것이다. 덕양중학교로 전학을 오던 그날도 자기를 투명인간 취급하는 상황을 예상하지 않았을까.

'이 학교에선 또 나를 얼마나 경계할까.'

'아이들은 나를 어떤 눈으로 바라볼까.'

'나를 얼마나 따돌릴까. 그럴 땐 내가 어떻게 대응해야 할까.'

그 학생의 머릿속은 그런 것들을 궁리하느라 무척 바빴을 것이다. 하지만 학교 교문에서부터 교장을 비롯한 선생님들이 "어서 와라, 환영한다." 진심 어린 환대를 건네자 깜짝 놀랐을 것이다. 교실에서도 친구들이 "어서 와." 스스럼없는 환영 인사를 건네는 바람에 그 학생의 '뇌'는 이전과 전혀 다른 작용을 했을 것이다. 이럴 경우 뇌는 의식 너머 무의식에 이르기까지 새로운 자극을 받게 된다. 그렇게 환대를 받으면서 공동체에 받아들여지는 순간 학생은 다른 이들에게 좋은 사람이 되기 위해 스스로 노력하게 된다.

구성원 모두가 학교 교문에 들어서면서 서로를 존중하는 문화를 가꿔나간다면 아무리 말썽꾸러기인 학생일지라도 스스로 벽을 허물고 친구들과 함께할 수 있는 것이다.

사랑하는 사람을 어떻게 실망시킬까
연구하는 사람은 없다

아침맞이 행사에는 또 다른 의미도 내포되어 있다. 교실에서는 교사와 학생이 1대 다수로 만날 수밖에 없지만 그 순간만큼은 오롯이 일대일 개별적 주체로서 대면하는 것이다. 학생들은 아침맞이를 통하여 자기 자신이 세상에 오롯이 하나뿐인 유일하고 소중한 존재라고 자각할 수 있다.

학생은 적어도 어른보다 순수하다. 선생님들이 존중하고 신뢰하면 그에 합당한 반응을 하려고 노력한다. 반대로 의심하고 처벌하고 감시하면 어떻게 그것을 벗어날지 연구한다. 마치 거울처럼 어른들이 보여준 행동을 똑같이 되비추는 것이다. 물론 어긋난 행동을 하는 학생들도 있다. 통계를 낼 수 없지만 대략 2~5% 정도의 학생들이 걱정스러운 행동을 벌이는데, 그럴 때는 분위기를 어떻게 이끌어가는지가 중요하다. 학생들이 자발적으로 신뢰와 존중의 분위기를 조성하면 문제 학생들 또한 전체 분위기를 따라갈 수밖에 없다.

이 세상에 사랑하는 사람을 어떻게 실망시킬까, 연구하는 사람은 없다. 순수한 학생들이라면 더욱 그렇다. 교사나 학부모가 신뢰하고 존중하고 기다리고 품어준다면 학생들은 누가 시키지 않아도 스스로 어떻게 잘할지 노력하고 연구하게 될 것이다.

문제는 우리 교육이 그 사랑을 어떻게 표현해야 하는지 잘 모른다는 것이다. 또한 사랑이 아닌 감정을 사랑으로 포장하고, 그것을 사랑이라고 잘못 오인한다는 데 더 심각한 문제가 있다. 덕양중학교 구성원들 또한 사랑으로 포장된 인정욕구, 억압, 방치, 거절, 징벌, 충동적 욕망, 과잉보호 등을 발견하고 치유하면서 사랑과 배려를 배우는 방법부터 새롭게 다시 배우고 익혀야 했다. 거기서부터 '더불어 사는 삶을 가꾸는 행복한 배움의 공동체'에 대한 꿈이 영글기 시작했다.

덕양중학교에서 그런 희망을 엿보았지만 학교는 여전히 아프다. 학생도 아프고, 교사도 아프고, 학부모도 아픈 줄 모르고 학교가 점점 병들어간다는 사실을 모른 체하고 있다.

나는 교사였다. 내가 36년 동안 지나온 여정을 되돌아보면 결국 교사는 가르치는 사람이 아니라 스스로를 들여다보는 사람이라는 걸 깨달았다.

학생, 교사, 학부모 모두 교실이든, 집이든, 마을이든 성장해온 곳에서 경험으로 스민 '내면아이'의 문제에서 학교의 아픔과 삶의 고충이 비롯했다는 사실을 깨달았다. 따라서 무조건 학교의 상처와 문제점을 짚기 전에 우리 안에 깃든 내면아이를 들여다보는 것으로 '무엇이 학교를 바꾸게 하는지' 그 여행을 시작해보고자 한다.

| 차례 |

"어린 시절에 치유하지 못한 내면의 상처들은
삶에서 일그러진 얼굴을 드러낸다.
교사와 부모의 마음에 도사린 내면아이는
고스란히 아이들의 마음을 지배한다.
상처받은 교실을 치유하는 오랜 여정은
교사, 부모, 아이들의 오랜 상처를 들여다보고 위로하는
따뜻한 마음에서 출발한다."

Part 1
내면아이 테라피

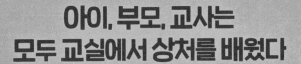

아이, 부모, 교사는
모두 교실에서 상처를 배웠다

내면아이란 무엇인가

Chapter 1

가시 -김기택

가시가 되다 말았을까 잎이 되다 말았을까
날카로운 한 점 끝에 침을 모은 채
가시는 더 자라지 않는구나

걸어 다닐 줄도 말할 줄도 모르고

남을 해치는 일이라곤 도저히 모르는

저 푸르고 순한 꽃나무 속에

어떻게 저런 공격성이 숨어 있었을까

수액 속에서도 불안이 있었던 것일까

꽃과 열매를 노리는 힘에 대한 공포가 있었던 것일까

꽃을 꺾으러 오는 놈은 누구라도

이 사나운 살을 꽂아 피를 내리라

그런 일념의 분노가 있었던 것일까

한 뿌리에서 올라온 똑같은 수액이건만

어느 것은 꽃이 되고

어느 것은 가시가 되었구나

어린 시절 받은 상처가 삶의 가시로 자란다

김기택 시인의 〈가시〉 전문이다. 시인은 얼핏 푸르고 순해 보이는 꽃나무에 공격적인 가시가 감춰져 있다는 점에 주목한다. 똑같은 뿌리에서 올라온 수액이지만 어떤 것은 잎이 되고, 어떤 것은 꽃이 되는데 어떤 것은 누군가에게 상처를 입히는 가시가 된다며 탄식한다. 더불어 순한 꽃나무에 감춰진 불안, 꽃과 열매를 노리는 힘에 대한 공포, 꽃을 꺾으러 오는 누군가에 대한 분노가 가시를 만들어냈던 건 아닌지 되묻고 있다.

사람도 꽃나무와 다를 바 없다. 어른이든 아이이든 똑같다. 어떤 사람의 내면에는 꽃이 활짝 피어 있지만 어떤 사람의 내면에는 숨겨진 가시가 무성하다. 내면에 꽃보다 가시가 더 많은 아이에게 교육이 제대로 이루어질 리 만무하다. 설령 학습 능력이 뛰어나 성적이 우수한 학생이라 하더라도 내면에 가시를 숨기고 있는 아이가 장차 타인과 더불어 행복한 삶을 가꿔나갈 수 있을지도 의문이다.

왜 이런 차이가 생기는 것일까. 사람은 누구나 성장 과정에서 사랑, 존중, 호의, 배려, 기쁨 같은 긍정적인 감정만이 아니라 미움, 불안, 공포, 분노, 슬픔 같은 부정적인 감정을 겪기도 한다. 그때 가장 가까운 부모나 가족, 지인으로부터 지지와 격려, 이해와 동조를 얼마나 받느냐에 따라 내면에 꽃이 피기도 하고 가시가 맺히기도 한다. 지지와 격려를 받지 못하고 무관심과 억압, 방치와 학대에 놓여 있던 아이의 마음에는 가시가 맺힌다. 성인이 될 때까지 사라지지 않고 무의식에 남겨진 가시는 이후의 삶을 교묘히 지배할 것이다.

성장기에 받은 상처를 어떻게 치유했느냐 하는 문제는 매우 중요하다. 어린 시절에 치유하지 못하고 성장한 이들의 무의식에 고스란히 남은 내면의 상처들은 이런저런 갈등 상황에서 일

그러진 얼굴을 드러낸다. '내면아이(Inner Child)'란 이렇듯 무의식에 꼭꼭 숨어 있는 상처받은 내면이다.

지금 부모가 된 성인들도 당연히 어린 시절을 거쳐왔다. 그들 또한 부모로부터 통제와 억압을 받거나 방치되고 거절당하기도 했으며 심한 경우 폭력이나 학대를 경험했을 수 있다. 대부분 그런 상처들을 적절히 치유하지 못한 채 결혼 적령기가 되어 배우자를 만나고 자녀를 낳는다.

우리 속담에 시간이, 혹은 세월이 약이라는 말이 있다. 아픈 상처도 시간이 지나고 세월이 흐르면 잊힌다는 뜻이다. 그러나 시간은 망각의 기제가 될 수 있어도 치유의 약물이 될 수는 없다. 적절히 치유하지 못한 내면의 상처는 의식의 수면 아래로 가라앉은 것이지 사라진 것이 아니다. 오히려 무의식 깊은 곳에 뿌리내려 비뚤어지고 부정적인 자아상을 유도한다. 내면아이가 성인이 된 뒤에도 강력한 영향력을 행사하는 까닭이다. 그럼에도 많은 사람은 내면아이가 자신의 삶에 어떤 영향력을 행사하는지 모르고 있다.

사춘기 아이가 부모의 잠든 내면아이를 깨운다

숨겨진 내면아이는 인간관계에서 얼핏얼핏 그림자를 드리운다. 특히 가장 가까운 가족들과 갈등할 때 노골적으로 모습을 드러내는 경우가 많다. 자기 안에 감춰진 내면아이가 관계 속에서 발생하는 갈등의 한 원인임을 인지하지 못한다면 그는 가장 가까운 가족에게 비난의 화살을 돌리는 데 급급할 것이다. 배우자에게는 "결혼 전에는 안 그랬는데 결혼 후에 사람이 이상해졌다."고 말할 것이고, 자녀에게는 "초등학교 때까지는 안 그랬는데 사춘기가 되면서 이상해졌다."고 말할 것이다. 자신의 내면아이가 갈등의 주요한 원인임을 인지하지 못한 채 말이다.

특히 사춘기 아이들 특유의 거친 행동과 설익은 표현은 잠들어 있던 부모의 내면아이를 깨운다. 무의식에 가라앉아 있던 부모의 내면아이는 자녀에게서 자신의 모습을 볼 때 특히 견디지 못한다. 이때 부모의 분노가 폭발하면 사춘기 자녀와 커다란 갈등을 야기하게 된다. 부모의 폭발하는 분노는 어린 시절, 자신에게 화를 폭발시켰던 부모의 상이 그대로 투사되는 경우가 많다. 그렇듯 자신의 내면에 남아 지배력을 행사하는 부모의 상을 '내면부모'라 칭하기도 한다.

자녀의 사춘기 시절에 흔히 발생하는 부모-자녀 사이의 전쟁을 냉정하게 들여다보면, 사춘기 아이와 부모의 내면아이가 충돌하는 경우가 대부분이다. 부모의 치유되지 않은 내면아이가 양육 과정에서 아이를 우울하게 하거나 심한 스트레스로 내몰거나 낮은 자존감과 강박관념에 시달리게 하는 것이다. 이것들은 장차 자녀가 살아가는 데 필요한 자존감과 좋은 인간관계를 유지하는 데 걸림돌로 작용한다.

부모의 치유되지 못한 내면 상처는 자식에게 대물림되곤 한다. 혹은 부정적 전이를 일으켜 정반대 상황에 집착하게 만든다. 어릴 적 거절의 상처를 크게 받은 사람이 대인관계에서 과도하게 이성이나 친구에게 집착을 보이는 식이다. 내면아이가 내 삶에서 어떻게 작용하는지 알아야만 비슷한 상황에 처했을 때 이전과 다르게 대처할 길이 열린다. 사회생활에서도 이전보다 훨씬 더 평안하고 여유로운 인간관계를 만들어갈 수 있다.

한편 사랑과 존중, 돌봄을 받지 못해 내면아이가 상처받은 아이들은 일반적인 사춘기와는 다른 성향을 보인다. 보다 폭력적이고 심하게 문제적인 행동을 일으키곤 한다. 사춘기 자녀를 대하는 것과 상처 입은 내면아이를 치유하는 접근법은 달라야 한다. 청소년기 자녀와의 갈등을 사춘기 문제로 치부하는 것은 자칫 자녀에게 더 큰 상처를 줄 뿐이다.

"무엇이 저 아이를 저토록 제멋대로 만든 것일까?"

"도대체 저 학부모는 왜 저렇게 막무가내인 것일까?"

"그날 교장은 왜 내게 그렇게 화를 냈던 것일까?"

교육자라면 누구나 위의 막막한 물음에 맞닥뜨린 경험을 가져보았을 것이다. 단지 그(아이, 학부모, 교장)가 이상하거나 막돼먹은 사람이어서가 아니다. 그의 상처받은 내면아이를 들여다보는 순간 의외로 쉽게 이해의 길이 열릴 수도 있다. 누군가의 심리를 이해하는 것은 소통을 위한 첫걸음이 될 것이다. 우리가 내면아이에 관심을 기울여야 하는 이유가 여기에 있다.

우리 모두의 마음속에 웅크린 여덟 가지 내면아이

칭찬받고 싶은 내면아이

윤희는 집안 형편이 넉넉하고 언제나 쾌활하고 총명하며 학교 성적도 우수한 아이였다. 그런 윤희가 어느 날 자살을 시도했다. 엄마, 아빠는 최선을 다해 윤희를 뒷바라지했고 부족한 것 없이 키웠는데 도무지 이해할 수 없다며 눈물지었다. 대체 윤희는 왜 그랬던 것일까.

작은 사업체를 운영하며 함께 일하는 윤희 부모는 결혼 후 10년 정도 열심히 노력해 경제적으로 안정되었을 때 아이를 낳았다. 늦둥이를 잘 키워보겠다는 의욕에 윤희 부모는 자녀 교육에 세심하고 엄격한 규칙을 세웠다. 윤희는 돌이 되기 전부터 대소변을 가리는 훈련을 받았고, 점차 커가면서 공부나 놀이, 친구 관계나 말투와 옷차림에 이르기까지 거의 모든 것을 철저하게 관리받았다. 윤희 부모는 딸에게 엄격한 규칙을 적용했지만 그렇다고 야단을 치거나 폭력을 사용하지는 않았다. 끊임없이 아이를 설득하며 매사에 다른 아이들보다 "더 잘할 수 있다."고만 말했다.

"색상이 너무 어둡고 이상한 그림이 되었네. 이쪽과 저쪽에 밝은색을 쓰면 더 좋은 그림이 될 텐데 좀 더 생각하고 그리는 게 좋지 않겠니?"

"현진이는 착하긴 한데 옷이 더럽고 말이 좀 거칠더라. 하지만 대호는 공부도 잘하고 깔끔한 아이 같던데, 대호하고 친구가 되면 좋겠네."

"윤희야. 지금 입은 옷은 엄마랑 함께 외출하기엔 안 어울리는 것 같구나. 이 원피스로 갈아입지 않겠니?"

부모가 아무리 부드럽게 말한다고 해도 윤희로서는 자신이 항상 부족하다고만 느꼈다. 어린아이로서 따뜻한 칭찬을 기대했지만 언제나 돌아오는 건 더 큰 기대치에 대한 요구였다. 윤희는 매 순간마다 공부는 물론 친구 관계나 그림 그리기와 옷 입기에 이르기까지 자신이 엄마를 만족시켜줄 수 없는 아이라고 느꼈고, 그런 감정은 자기비하로 발전했다. 급기야 윤희는 엄마를 만족시킬 수 없는 자신에 대해 죄의식까지 느꼈고, 차라리 죽어버리는 게 낫겠다고 결심했다.

윤희 부모는 왜 그토록 칭찬에 인색했던 것일까. 그분들은 완벽주의적 성향의 부모라고 할 수 있다. 어린 시절, 그들 또한 부모로부터 칭찬받기를 기대했고, 무엇이든 완벽하게 해야 한다는 사실을 내면화했을 것이다. 그런 성향에 대한 적절한 성찰 없이 성인이 되어 결혼을 하고 윤희를 낳았다. 사회경제적으로 안정될 때까지 아이를 낳지 않은 것도 칭찬받고 싶었던 어린 시절의 내면아이가 완벽주의로 굳어진 데서 기인했을 확률이 높다.

윤희 부모 역시 어린 시절 칭찬과 지지보다는 더 좋은 성적, 더 좋은 교우관계와 더 좋은 태도를 끊임없이 요구받았을지 모른다. 그때 느꼈던 부모에 대한 섭섭함과 자기비하의 감정은 치유되지 못한 채 내면에 남아 이제 자기 자녀의 삶에 지배력을 행사하게 되었다. 어린 시절, 끊임없이 몰아세운 부모의 상, 즉 '내면부모'가 그 자식에게까지 대대로 전수되는 것이다.

부모의 완벽주의적 성향에 지배당하는 자녀들은 자기비하에 시달리며 점차 자기 자신에게 만족하지 못한다. 급기야 작은 실패조차 "내 그럴 줄 알았어.", "나란 놈이 그렇지, 별수 있어." 극단적인 반응을 보이며 스스로의 삶에 불만족하게 된다. 그들은 대체로 자기 자신보다는 타인의 평가에 민감하다. 그래서 타인에게 인정받지 못할까 봐 두려워 "아니오." 거절을 잘 하지 못하고, 일중독에 빠지며 자기가 성취한 것을 과소평가하는 것은 물론 지나치게 남의 눈치를 보는 경향이 짙다. '더' 콤플렉스가 그의 삶을 갈등하고 불화하며 타인은 물론 가족마저 멀리하는 외톨이로 몰아가는 것이다.

억압하는 내면아이

"몰라요. 그냥 졸려요. 다 귀찮아요."

학교에 오면 책상에 엎드려 잠만 자는 다연이. 어느 날 그런 아이를 불러서 왜 그러는지 묻자 돌아온 대답이었다. 어쩌다 일어나 수업을 들으면 다른 친구들이 "선생님, 다연이가 일어났어요!"라며 '오늘의 뉴스'처럼 말할 정도였다. 결국 부모님을 불러 상담을 하게 되었다. 다연이 어머니는 걱정스러운 얼굴로 말했다.

"초등학교 때까지 공부도 잘하고, 명랑하고, 엄마 말에 고분고분하던 아이가 왜 이렇게 되었는지 모르겠어요."

다연이 어머니 눈에는 눈물이 맺혀 있었다. 그녀는 상담실에 도착하자 딸아이의 문제점을 정리해온 종이를 펼치며 교사가 묻기도 전에 설명을 시작했다. 마치 온종일 다연이의 문제 행동만을 관찰하며 열심히 찾아낸 조항 같았다. 엄마의 긴 이야기가 멈춘 뒤에 다연에게 마음을 물었지만 아이는 고개만 떨구고 있었다. 결국 어머니가 참지 못하고 말했다.

"항상 이런 식이라니까요. 이렇게 멍청해 터졌으니 속이 터져요!"

나는 다연이 어머니를 상담 자원봉사를 하는 학부모에게 보냈다. 그리고 다연이와 이야기를 시작했다.

"아까 엄마가 한 말을 종합해보면 엄마는 네 모든 사소한 일까지 관여하고 끊임없이 지적하고 잔소리를 하는구나."

그 말에 다연이가 상담실에 들어와서 처음으로 내 눈을 마주 보았다. 나는 그동안 학교에서 쌓았던 신뢰를 바탕으로 편안하게 말할 수 있는 분위기를 만들어주었다. 엄마가 있을 때와는 완전히 달라진 태도로 다연이가 이야기를 시작했다.

"처음에는 화를 내거나 울면서 대들기도 했어요. 그러면 엄마는 더 화를 내고 시끄러워져요. 아빠까지 데리고 와서 내가 대든다고 어떻게 해보라고 신경질을 부리고 소리를 질러요."

다연이는 무대응으로 포기하고 가만히 늘어져 있으면 엄마가 지쳐서 간섭하거나 잔소리하지 않는다는 것을 무의식적으로 터득한 모양이었다. 그러다 보니 이젠 엄마가 화를 내고 소리를 지르는 것에도 무감각해졌다고 말했다.

"집에서는 엄마 때문에 그렇다지만 학교에서는 엄마가 보고 있는 것도 아닌데 왜 그렇게 엎드려만 있어?"

"국, 영, 수 과목 성적이 조금이라도 오르면 엄마는 또 잔소리를 시작해요. 더 잘하라고요. 더, 더, 더 노력하면 더 잘할 수 있다고. 끝이 없을 거예요."

"그러니까 엄마가 너를 포기하기를 기다리는 거구나!"

그 방법밖에 없다면서 다연이는 힘들었던 이야기를 털어놓았다. 다연이가 보기에는 엄마는 항상 자신을 감시하고 조금만 잘못해도 야단치고 지적한다는 것이다. 말을 안 하면 벙어리냐고 야단치고, TV를 보고 웃고 있으면 쓸데없는 것 보지 말고 들어가서 공부하라고 야단치고, 방으로 들어가면 뭐하고 있느냐면서 문을 벌컥 열고 들어온다고 했다. 중학생이 되고 나서 어느 날 엄마에게 대들다가 호되게 혼나고 너무 억울해서 울다가 죽어버리고 싶다는 생각을 했고, 그날 이후 아무것도 하기 싫어졌다고 했다.

다연이 어머니도 어린 시절 부모로부터 받았던 억압적인 경험이 치유되지 못한 채 고스란히 무의식에 남아 있다가 자식을 상대로 무심결에 드러났을 확률이 높다. 부모의 억압으로부터 벗어나고 싶었으나 그 옛날 부모님이 나에게 했던 말을 떠올리며 자식에게 똑같이 지시하고 명령하게 되는 것이다. 이른바 내면부모가 갈등을 키우는 격이다.

그런 부모들은 지극히 자연스런 감정이나 욕구까지도 '그런 생각을 하면 안 돼!'라고 스스로를 억압하는 특징을 갖는다. 어린 시절 부모로부터 받은 억압의 경험이 스스로에 대한 억압으로, 그리고 자식에 대한 명령이나 지시와 같은 강압으로 드러난다. 그러나 이런 부모의 억압 뒤에 숨어 있는 자녀에 대한 염려와 사랑을 사춘기 아이들은 읽어낼 만한 인격적인 준비가 되어 있지 않다. 그래서 아이는 부모의 태도에 대해 짜증을 내고 대화를 거부하며 반항심만 기르게 된다.

'억압'을 경험하는 아이들은 대체로 세 가지 경향을 띤다.

가장 흔한 성향은 '순응하기'이다. 복종에 가까운 태도로 윗사람이 시키는 대로 잘 따르지만 자율성이나 주도성은 부족하다. 책임감 있는 일이 주어지면 불안해하기도 하지만 어른들에게는 '착한 아이'로 불린다.

두 번째 성향이 '반항'이다. 부모의 지시나 명령에 반항하는 것으로 더욱 심각해지면 '두고 보자.'라며 복수심을 키우기도 한다. 이런 성향이 치유되지 않은 채 성인이 되면 자칫 윗사람에 대한 복수심, 반항심으로 인해 주변 사람들과 갈등을 일으키고 관계 형성에 어려움을 겪기도 한다.

세 번째 성향은 '소극적 반항'으로 다연이와 같은 경우가 그렇다. 부모나 윗사람에게 드러내놓고 대들거나 저항하지 않지만 무기력해지거나 무슨 일이든 늑장을 부리는 것이다. 이는 무의식적인 반항이라고 볼 수 있다. 그러나 이런 습관이 굳어지면 성인이 되어서도 무슨 일이든 미루고 미루다가 어쩔 수 없는 상황까지 끌고 가는 경우가 많다.

방치당한 내면아이

중학교 3학년인 민지의 별명은 '잠자는 공주'였다. 손목에는 늘 붕대가 감겨 있었는데, 선생님이나 친구들이 물어보면 넘어져서 다쳤다거나 피부병이라고 대답했다.

어느 날 민지가 자진해서 상담을 하고 싶다고 찾아왔을 때, 손

목을 감은 붕대에 대해 물어보았다. 민지는 솔직하게 자기 이야기를 털어놓았다. 집에서는 조그만 일에도 화가 나고, 점점 그 기분을 참을 수 없다고 했다. 잠을 자려고 누우면 가슴이 답답해 잠을 쉽게 이룰 수 없고, 그럴 때 손목에 칼을 대서 피를 보면 오히려 마음이 편해진다고 했다. 자신의 행동에 놀라서 다음에는 그러지 않아야지, 다짐하지만 어느덧 작은 일에도 감정 조절을 할 수 없어 반복적인 자해를 하고 있다는 것이다.

민지 어머니는 고등학생 때 민지 아버지를 만나 임신을 하는 바람에 어린 나이에 어쩔 수 없이 결혼을 하게 되었다. 그러나 남편은 생활력이 없는 데다 술을 마시고 폭력을 행사하기도 해 부부싸움이 잦았다. 결국 부부는 별거에 합의하고 민지는 외가에, 동생은 친가에 맡기고 가족이 따로 생활하게 되었다. 알코올 중독이었던 아버지는 민지가 유치원에 다닐 때 돌아가셨다. 어찌어찌 세 식구가 함께 살게 되었지만 엄마는 노래방 도우미로 일해야 해서 민지가 학교에서 집에 돌아갈 시간에는 출근을 한 상태였다. 밥을 먹고 잠을 잘 때까지 자매만 남아 늘 외롭고 불안한 생활이었다.

엄마가 매일 새벽에 돌아와 오전 내내 잠을 자 민지와 동생은 아침밥을 거른 채 등교를 하고 있었다. 민지는 이따금 아빠가 보고 싶어 산소에 가보고 싶었지만 "너희들 때문에 재혼을 못한다."고 말하는 엄마한테 미안해서 한 번도 아빠가 보고 싶다는 말을 해본 적이 없다. 그러던 중 엄마마저 난소암에 걸려 집안이 극도로 침울해졌다.

이처럼 어렸을 때부터 자신의 감정을 제대로 표현해보지 못하고 충분한 사랑과 관심을 받지 못한 민지는 우울감이 심한 상태였다. 민지가 자신의 분노를 조절하지 못할 때 표현하는 극단적인 방법이 자해였던 것이다.

부모가 자녀에게 가하는 방치에는 영양가 있는 음식을 챙겨주지 못하는 음식의 방치, 갖고 싶은 물건이나 놀이를 못하게하는 욕구의 방치, 늘 혼자 있게 내버려 두는 보호의 방치, 자녀와 대화가 없는 대화의 방치, 쓰다듬거나 안아주는 등 그 나이에 필요한 따뜻한 접촉이 없는 접촉의 방치, 함께 놀아주지 않는 놀이의 방치, 자녀의 감정을 달래주고 위로해주고 지지해주지 않는 정서적 방치 등이 있다.

이런 방치를 경험한 아이들은 부모가 방치했던 그대로 자신의 욕구나 필요를 방치하는 경향을 보인다. 자기 자신이 세상에서 유일하고 소중한 존재라고 생각하지 못하고 스스로를 방치한다. 자해와 같은 극단적인 행동을 하기도 하며 무기력, 외로움, 소외감을 잘 느끼고 자신의 감정이나 욕구를 파악하는 데도 어려움을 느낀다. 타인의 감정을 파악하는 데도 어려움을 느끼고 여러 사람과 함께하는 일을 힘들어한다. 공감대 형성이 잘 안 돼 차갑거나 냉정해 보이기도 한다.

이러한 내면아이가 치유되지 못한 채 성인이 되면 결혼생활이 원만하지 못할 확률이 높다. 마음속으로는 기대를 하면서도 배우자에게 충분한 애정 표현을 하지 않는 경우가 많아 차가운 아내나 남편으로 비칠 수 있다.

이는 타인으로부터 관심을 받고 싶어 해도 그 욕구를 억압하고 숨겼던 습성이 굳어진 것이다. 더불어 자신을 소중히 여기는 데 서툴다. 예를 들어 자신의 옷은 아무것이나 사지만 자녀나 남편의 옷은 고급스러운 것을 산다. 자녀나 남편을 위해 자신을 희생하는 것이 아니라 스스로를 위하는 것 자체가 낯설고 익숙하지 않기 때문이다. 때로는 부모가 자신에게 그랬듯이 자신의 자녀를 방치하기도 한다.

민지 어머니 또한 부모로부터 방치된 트라우마가 있을 확률이 높다. 이렇듯 내면아이는 그대로 자녀에게 대물림되는 경우가 많다.

요즘엔 이혼 가정이 늘어나면서 돌봄으로부터 방치되는 아이들 또한 늘고 있다. 그렇지 않더라도 맞벌이 가정의 경우엔 시간이 없거나 너무 이른 나이에 아이를 할머니나 이웃 혹은 놀이방에 보낸다. 생계를 꾸리느라 너무 과로한 나머지 아이를 제대로 돌보지 못하고 무관심한 경우도 늘고 있다.

거절당한 내면아이

"에이 씨! 왜 나만 가지고 그래?"

초등학교 6학년인 현철이가 선생님이나 어른들에게 꾸중 들을 때마다 입버릇처럼 하는 말이다. 현철이는 돌발행동을 자주 해서 선생님들을 곤란하게 할 때가 많다. 이를테면 초등학교 현장 체험 학습을 하는데 "안전하게 인도로 줄지어 걸어가야 한다."는 선생님 말을 듣지 않고 혼자 도로 중앙으로 걸어 나가 교통사고 위험에 노출되는 식이다. 선생님이 어깨와 등을 잡아 인도 쪽으로 끌어오면 현철이는 또 대들며 화를 낸다.

현철이는 다섯 살 때 엄마가 집을 나갔다. 어린 현철이와 당시 여덟 살이던 누나를 키운 이는 할머니였다. 그이는 하루에도 몇 번씩 아이들 들으라는 듯이 엄마를 향한 욕을 퍼붓곤 했다.

"자식 버리고 나간 나쁜 년!"

아버지는 거의 매일 술에 취해 집에 들어왔고, 어떤 날에는 화풀이하듯 남매를 때렸다. 딸인 누나보다 사내아이인 현철이가 더 많이 맞았고, 아이는 방 한구석에서 숨죽이며 공포에 떨어야 했다.

그러던 중 현철이가 초등학교 1학년 때 아버지가 재혼을 했는데, 새엄마에게도 동갑내기인 아이가 있었다. 현철이가 2학년이 되었을 때 새엄마가 동생을 낳았고, 할머니는 새엄마가 아이 네 명을 키우기 힘들 거라며 현철이를 강원도 동해시에서 수원으로 데리고 왔다. 할머니는 여전히 현철이에게 "네 엄마는 나쁜 년."이라고 욕을 퍼부으며 화풀이를 해댔다. 그렇게 현철이는 외로움을 느끼는 한편으로 할머니의 엄마에 대한 심한 욕설을 들으며 6학년이 되었다.

현철이의 마음 깊이 자리한 것은 자신의 존재가 부정당한 상처이다. 현철이 말버릇처럼 사용하는 "에이 씨! 왜 나만 가지고 그래?"라는 말에는 자신이 부정당하고 거절당한 상처가 뿌리 깊게 자리 잡고 있다. 현철이는 네 살 때 부모가 이혼하면서 시골에 혼자 사는 할머니에게 맡겨졌다. 중학생이 된 현철이는 그때를 생각하며 말했다.

"엄마, 아빠는 내가 귀찮았을 거예요. 쓰레기 취급받은 것 같아요."

현철이는 자신이 왜 버려졌는지 모르겠다고 말하면서 할머니도 자신을 짐처럼 생각한 것 같았고, 엄마가 많이 보고 싶었지만 오지 않아서 날마다 울었다고 했다.

거절이란 다른 사람이 나를 받아들이지 않고 원하지 않으며 배척한다고 느끼는 상태이다. 거절의 경험은 알게 모르게 깊은 상처를 남긴다. 하지만 대부분의 사람은 살면서 크고 작은 거절의 경험과 그로 인한 상처를 안고 살아가게 마련이다. 친구들과의 놀이나 모임에 끼지 못한 경험에서부터 이성에게 거절당해 상심한 경험, 취업하려고 노력했지만 입사시험에서 번번이 떨어지고, 승진에서 누락당한 경험 등이 그것이다. 이혼 또한 남녀 모두에게 커다란 거절의 상처로 남는다. 배우자로부터 거절당하고, 신뢰를 배반당했다는 생각은 수치심을 동반한 고통으로 남는다.

이러한 것들 중 가장 큰 상처를 남기는 것은 어린 시절 부모로부터 받은 거절이다. 부모로부터 거절당한 내면아이는 자신이 받았던 그대로 스스로를 부정하고 거절한다. "나는 태어난 것이 저주스러워!"라는 자학적인 태도를 보인다. 부모의 거절은 아이에게 곧 세상으로부터의 거절로 느껴질 확률이 높다. 그렇게 되면 법과 질서를 위반하거나 범죄에 연루되었을 경우에도 죄책감을 느끼지 못하고 반사회적 문제를 일으킬 수 있다.

거절당한 내면아이를 치유하지 못한 채 결혼을 한 성인은 자기가 받았던 거절 그대로 자녀를 거절할 수도 있다. 자기를 학대하고 거절한 내면부모가 자녀를 버리게 하는 것이다. 또한 부정적 전이를 일으켜 자녀를 양육할 때 과도한 집착을 보이거나 타인과 관계를 맺을 때도 집착을 보일 수 있다. 이럴 경우 자칫 상대를 의심하고 시험해보고 분노를 유발시켜 반복적으로 거절당하는 악순환의 덫에 빠질 수도 있다. 자기 안에 있는 거절의 본질을 인식하고 통찰하며 무의식으로부터 끌어올려 존재 자체를 절대적으로 지지하고 격려하며 공감해주어야 치유의 가능성이 열린다.

징벌과 학대를 받은 내면아이

중학교 1학년인 승우는 산만하고 수업시간에도 집중하지 못해 선생님들에게 거의 매일 야단을 맞는 아이이다. 사소하지만 거짓말을 잘하고 동네 문구점이나 가게에서 물건을 훔치거나 친구들 소지품에도 손을 댄다. 선생님에게 반항하여 물의를 일으키고 친구들과 싸움을 벌이고 폭력을 쓰기도 한다. 그런 일들로 몇 차례 강제 전학을 다니다가 결국 학교를 그만두게 되었다.

승우가 태어날 무렵 아버지 사업이 기울어지기 시작했다. 가정 형편이 어려워지자 부부싸움도 잦아졌고, 부모님은 승우에게 화를 내고 야단치는 일이 빈번해졌다. 승우가 어린 시절 부모로부터 가장 많이 들은 말은 "원수 같은 놈! 빌어먹을 놈!"이었다. 부모님은 부부싸움을 한 뒤에 자신들의 마음에 쌓인 분노와 미움을 어린 승우에게 쏟아붓곤 했다.

"바보 같은 놈! 난 널 이미 포기했어!"

"내가 뭐라고 했니! 바보 멍청아!"

부모는 지나치게 모욕적인 언어를 쓰면서 정서적으로 학대했고, 승우 엄마는 "너희들 때문에 내가 이혼을 못하고 참는다."는 표현을 자주 썼다. 승우 부모님은 이혼 위기를 넘기고 작은 마켓을 운영하며 생활도 그런대로 안정을 찾았으나 사소한 다툼은 계속되었다.

이렇듯 어릴 때 징벌과 학대를 받은 내면아이는 낮은 자존감과 수치심을 갖게 된다. 거절당한 내면아이와 비슷한 증상을 보인다. 그런 아이들은 스스로를 나쁜 아이라고 생각해 자기 자신을 학대하거나 처벌하기도 하고, 자신이 처벌받고 학대당하는 것을 당연하게 여기고 심지어 기대한다. 내면에는 부적절한 증오, 분노, 복수심이 많고, 사람들을 불신하고 경계하는 태도를 취한다.

학대나 징벌을 받은 내면아이가 치유되지 못한 채 성장한 성인은 거짓말이나 속임수를 아무렇지 않게 구사한다. 이는 어린 시절에 징벌이나 학대를 피하기 위한 수단으로 거짓말을 방어기제로 사용하던 버릇이 굳어진 것이다. 타인의 비도덕적인 행동에는 지나치게 독선적인 행동을 보이거나 흑백논리에 빠지기도 한다. 자신이 계획한 일이 잘 풀리지 않을 것이라는 두려움도 크다. 결혼생활에서는 배우자를 학대하고 죄책감을 가졌다가 자기 처벌과 용서를 구하는 악순환이 반복될 수도 있다. 이는 어린 시절에 자신을 학대하고 징벌했던 내면부모의 부정적 상이 그의 무의식을 지배해서 명령하기 때문이다.

아내의 경우에는 남편의 분노를 건드리는 행동을 유발하면서 그것이 자신을 처벌하는 효과가 있다고 무의식적으로 생각하기도 한다. 더불어 자신을 학대한 부모에게 복수하는 마음이나 사회질서에 반항하기 위해 난잡한 성생활을 즐기기도 한다.

충동적인 내면아이

어느 날 상담실로 변덕이 심하고 끈기가 부족한 남편에 대해 고민 중인 내담자가 찾아왔다. 남편은 시부모님의 인맥을 통해 작은 회사에 입사했다. 하지만 남편은 회사 생활에 잘 적응하지 못했으며 자주 팀을 옮겨 다녔다. 퇴근하고 집에 오면 회사에 대한 불평불만을 늘어놓았고, 결국 몇 달 후 아무런 상의도 없이 덜컥 회사를 그만두었다. 그렇게 6개월이 지나갔다.

남편이 가장 힘들어하는 것은 어떤 일을 새롭게 시작하는 것이다. 두려운 마음까지 느끼는 듯하다. 그녀가 시간을 두고 천천히 할 일을 찾아보라고 말해주지만 그즈음엔 남편이나 그녀 둘 다 마음이 조급해졌다. 어떤 일을 하려면 죽기 살기로 최선을 다해야 하는데, 남편은 겉으로는 "뭐든지 하면 되지." 큰소리치지만 누구 도움 없이 제 손으로 실천하는 것을 두려워한다. 급기야 화를 내는 일이 잦아졌는데, 한 번 화를 낼 때면 상대가 친구건 부모건 교사건 가리지 않고 감정을 짓밟는다.

그녀 남편은 딸만 셋 있는 가난한 집안의 늦둥이 막내로 태어났다. 시집 어른들은 늦둥이 막내 남자아이인 남편에게 원하는 것은 뭐든지 다해주려고 노력했다. 가난한 집안인데도 힘들고 어려운 일은 부모님이나 누나들 몫이어서 남편은 어린 시절 내내 왕처럼 떠받들어졌다. 시부모는 행여 아들이 화를 내거나 마음이 상한 기색을 보이면 어쩔 줄 모르고 전전긍긍했다. 아들이 응석을 부리면 무조건 받아주고 굴복했으며 요구하는 것은 무엇이든 거절하지 않으려고 노력했다. 아들이 다른 사람과 의견 충돌을 피할 수 있다면 자신들이 어떤 희생을 치러도 좋다고 생각했다. 그 결과 늦둥이 아들은 어린 시절부터 그런 어른들의 약한 마음을 이용하는 법을 터득해왔다.

충동적인 내면아이를 가진 채 성장한 성인들은 버릇이 없고 예의가 없으며 타인의 감정을 쉽게 상하게 하는 성향이 짙다. 충동적이고 즉흥적이며 감정 기복 또한 심해 매사에 일관성이 없고 변덕이 심한 특징을 보인다.

이런 사람들은 어린 시절부터 충동적이고 즉흥적인 행동으로 어떤 일을 계획하거나 결정할 때도 신중하지 못하다는 평가를 받는다. 부모가 늘 자신의 욕구를 무조건 충족시켜주었기 때문에 자기중심적이고 이기적인 성향이 강하고 인내심과 목표의식이 부족해 힘들고 어려운 일보다는 쉽고 재미있는 일만 추구한다. 한편으로는 주목받는 곳에서 돋보이려는 성향을 보이지만 자유분방하고 사람들과 쉽게 사귀는 긍정적 측면도 가지고 있다. 하지만 모든 사람이 부모처럼 대해주지 않기 때문에 삶에 대한 원망, 짜증, 불만, 불평, 박탈감, 분노 등이 많고, 무슨 일을 하든 비현실적으로 과도한 성향을 보인다.

과잉보호를 받는 내면아이

강원도의 한 군부대 주임 원사인 김 상사는 요즘 스마트폰 열어보는 게 겁난다. 갓 전입 온 신병 부모들에게 "병사들이 잘 적응하고 있다."는 문자 메시지를 보냈더니 부모들이 '카톡'에 단체 채팅방을 만들어 그를 초대한 것이다. 그 이후 "우리 아들 사진 좀 보내주세요.", "오늘 점심, 저녁 메뉴가 뭔가요?", "괴롭히는 선임 없는지 봐주세요." 같은 메시지가 밤낮없이 올라왔다. 김 상사는 수시로 카톡이 울려 업무에 집중할 수 없다면서 "까다로운 직속상관이 한꺼번에 여러 명 더 생긴 기분"이라고 고충을 토로했다.

어떤 어머니는 "아들이 다리가 아픈데 경계 근무를 서게 됐다."면서 보직을 바꿔달라며 전화를 걸어왔다. 요구가 받아들여지지 않자 호통을 치고 따지기도 했다. 어떤 아버지는 군부대에 복무하는 아들의 30킬로미터 행군을 함께하며 쉬는 시간마다 치킨이나 빵 같은 간식을 나르기도 했다. 그는 "다른 부모들을 대신해 아들들을 챙겨주는 것일 뿐 극성이라 할 수 없다."고 아무렇지 않게 말했다.

최근에는 중·고등학교에서 일과표를 시간대별로 짜주는 부모, 대학교 들어간 자식의 수강신청을 대신 해주는 부모, 학점 이의신청도 대신하고 교수에게 항의도 대신하는 부모가 늘어나고 있다. 이는 이혼이 늘어나면서 방치되는 아이들이 늘어나는 것과는 또 다른 심각한 사회문제 중 하나이다. 심지어 어떤 대학교수는 "우리 아이가 고등학교에선 성적이 뛰어났는데 왜 겨우 B학점이냐?"는 항의전화를 받기도 했다고 한다.

과잉보호를 받은 내면아이가 깃든 성인들은 책임감이 떨어지고, 부담스러운 일 자체를 무조건 피하려는 습성을 보인다. 인간관계를 형성할 때도 상대방이 언제나 내 기분을 알아서 맞추어주기를 기대한다. 예를 들어 자기 생일을 축하받고 싶다는 말을 하지도 않았으면서 상대방이 알아서 내 생일을 기억하고 챙겨주기를 원하는 식이다. 어린 시절부터 부모가 다 알아서 해결해주는 것이 습관적인 의식으로 굳어졌기 때문이다.

이렇게 자란 아이들은 어떤 일을 하다가 중도에 쉽게 포기하거나 새로운 일을 도전하는 것 자체를 두려워하게 된다. 지속적으로 한 대상에 관심을 가지지 못해 매사에 쉽게 싫증을 내고 짜증도 많이 내는 편이다. 직장생활에서는 이직률도 높은 편인데, 이는 부모의 과잉보호가 자녀로 하여금 어떤 일을 스스로 해내고 성취감을 맛보는 걸 빼앗아버린 탓일 수 있다.

과잉보호를 받고 자란 내면아이의 가장 두드러진 특징은 의존적 성향이 강하다는 것이다. 충동적인 내면아이가 변덕이 심해 꾸준함이 없다면, 과잉보호를 받고 자란 내면아이는 의존성, 싫증, 권태 때문에 꾸준함이 부족하다. 한편 강압적인 부모 밑에서 자란 아이에게서 주로 자신의 부모와 같은 사람을 싫어하고 경계하는 부정적인 전이가 일어나는 걸 자주 발견할 수 있다면, 과잉보호를 하는 부모 밑에서 자란 아이는 부모와 같이 모든 것을 다 해주는 사람을 찾는 전이가 일어나는 걸 더 자주 볼 수 있다.

과잉보호를 받고 자란 내면아이는 열정과 적극성이 부족하고 게으르고 무기력하며 다른 이들이 자신에게 동정심을 느끼도록 하는 방법을 무의식적으로 알고 있다. 외로워 보이기, 슬픈 표정 짓기, 무관심하기 등 동정심을 일으켜서 엄마가 내 곁으로 오도록 하던 방법을 어려서부터 알고 터득해서 무의식적인 기제로 사용하는 것이다.

심기증을 앓는 내면아이

K 예술고등학교 2학년에 다니는 상희는 미술과 전공수업이 있는 수요일과 금요일만 되면 자꾸만 몸이 아프다. 그림 그리기에 소질이 있던 상희는 부모님의 적극적인 권유에 따라 중학교 1학년 때부터 미술학원에 다니면서 서양화를 그리기 시작했고, 실기시험을 통과해서 K 예술고등학교로 진학했다. 그런데 K 예술고등학교에 진학한 뒤부터 몸이 곳저곳이 아프기 시작했다.

특정하게 어느 한곳이 아프다기보다 잔병치레가 잦았고 증상도 며칠 지나면 사라지는 것들이었다. 어떤 때는 머리가 어지러

우면서 구토증이 났고, 어떤 때는 위장이 심하게 꼬이는 듯 아파서 응급실에 실려 가기도 했다. 또 어떤 때는 전신 무기력증에 걸려서 며칠 동안 미술학원에 가지 못하고 자기 방 침대에 누워 있기만 했다. 보다 못한 어머니가 상희를 데리고 병원에 가서 종합 진단을 받았지만 의사는 크게 신경 쓰지 않아도 될 가벼운 증상만 말했다. 미미한 위염 증세 같은 것들로 며칠 약만 먹으면 충분히 치료된다는 게 의사의 말이었다.

상희의 증세가 심해진 건 '코로나19 팬데믹'이 시작된 2020년부터였다. 등교를 하지 못해 다른 친구들은 미술학원에 다녔지만 상희는 그마저도 다니려 하지 않았다. 다시 등교가 시작되었지만 전공수업이 있는 날마다 두통이 심해지고 위장이 심하게 아팠다. 어머니가 상희를 데리고 병원에 가서 다시 종합 진단을 받아봤지만 결과는 별반 다르지 않았다. 특별한 병이 발견되지 않았고, 의사는 심리적인 원인이 있는 것 같다고만 말했다. 그래도 상희의 증세가 달라지지 않자 어머니는 다른 대학병원에서 종합 진단을 받게 했다. 이번에도 의사는 특별한 병이 없다고 확신했다. 그래도 상희는 학교에 나가려 하지 않고 며칠째 침대에만 누워 있었다. 이후에도 상희는 다른 병원 응급실을 들락거리길 반복했지만 언제나 결과는 똑같았다.

상희의 증세는 '심기증(心氣症)'이라고도 불리는 건강염려증(Hypochondriasis)이다. 건강염려증은 '상상병'이라고도 부른다. 특히 최근엔 코로나19가 세계적으로 만연함에 따라 '나도 언제 전염병에 걸릴지 모른다.'는 불안과 공포가 확산되고 있다. 이로 인해 학업이나 일을 회피하고 대인관계를 무조건 기피하는 경우도 생겨나고 있다.

상희도 학교는 물론 미술학원에도 나가려 하지 않았다. 특히 미술 선생님과 가까이 대면해야 하는 전공수업은 무조건 피하고 싶어 했다. 상희는 K 예술고등학교에 입학하고 나서부터 약간의 우울증도 앓았다. 중학교 때까지는 자신이 회화에 정말 재능이 많은 줄 알았는데, 막상 입학하고 보니 자신보다 그림을 잘 그리는 친구들이 너무 많았던 것이다. 그때부터 스트레스와 부담감이 심해졌고, 식욕부진과 우울증이 시작되었다. 매사에 심드렁해졌고, 막연한 불안감에 시달렸다. 그러다가 코로나 19 사태가 터지자 특별한 이유 없이 몸 여기저기가 아프기 시작했다.

건강염려증은 '꾀병'과는 다르다. 꾀병 환자가 아픈 척 연기하는 것이라면 건강염려증 환자는 증상이 없어도 실제로 신체적인 통증을 느끼기 때문이다. 그에 대한 원인에는 몇 가지 가설이 제기되고 있다. 환자가 통증을 일반인보다 예민하게 느끼는 성격인 경우도 있고, 현실에서 느끼는 스트레스와 부담감이 클 때 갑자기 몸이나 신체가 이상반응을 일으키기 때문일 수도 있다. 상희의 경우가 바로 여기에 해당하는 것 같다. 그 밖에 우울증이나 불안장애에서 비롯되거나 분노나 죄책감, 자존감 저하에 따른 적대감과 공격성이 신체적인 증상으로 변환되어 나타날 수도 있다.

건강염려증을 앓는 내면아이는 점차 무기력하고 당면한 문제를 회피하려 드는 현실 도피적인 성향을 보이는 경우가 많다. 아이는 부모에게, 어른인 경우에는 배우자나 자녀에게, 노인은 자신의 자녀들에게 과도하게 의존하면서 점차 자신의 신체적 고통을 알아주지 않는 세상에 대해 분노를 터뜨리기도 한다.

건강염려증을 앓는 내면아이가 살아난 어른은 점차 가족 같은 가까운 이들과 불화를 일으키며 주변의 모든 것에 대한 불신에 빠져 우울증이나 불안장애에 빠져들고 그 감정을 분노로 발전시킬 수 있다. 건강염려증의 정확한 원인은 제대로 알려져 있지 않다. 그러나 그 증상을 파고들어 가보면 일과 삶에 대한 과도한 부담감과 압박감, 세상에 혼자만 있다는 고립감과 버림받았다는 상실감, 경쟁에서 실패한 데서 오는 패배감과 불안감 등이 발견된다는 점에 주목할 필요가 있다.

흥미로운 건 병에 걸렸다는 두려움을 이겨내기 위해 자기 관심 분야에 오롯이 매진해서 눈부신 성과를 올렸던 학자나 예술가 들도 많다는 사실이다. 세계적인 피아니스트였던 글렌 굴드는 병원균에 감염되는 게 두려워 더위가 한창일 때도 긴 코트와 목도리, 털장갑을 착용했고 사람들과 악수도 하지 않았다고 한다. 《종의 기원》을 집필한 찰스 다윈이나 소설 《폭풍의 언덕》을 쓴 샬롯 브론테, 팝아트의 대가인 앤디 워홀 등도 자신이 앓았던 심한 건강염려증을 위대한 성취로 승화시킨 사람들이다.

여덟 가지 내면아이가 불러내는 분노

인정욕구, 억압, 방치, 거절, 징벌과 학대, 충동, 과잉보호, 심기증. 이 여덟 가지는 아이들의 무기력이나 과도한 반항, 자해나 폭력적 행동 이면에 숨겨져 있는 기제들이다. 상처받은 내면아이를 가진 아이들은 일반적인 사춘기보다 훨씬 더 폭력적이거나 감정적인 시기를 보낸다. 그런 아이들의 상처는 거의 대부분 가정에서 비롯한다. 교실보다 더 중요한 학교가 가정인 까닭이다.

불행한 가정사로 인한 거절과 징벌, 학대, 방치, 차별만이 문제가 되는 것은 아니다. 겉으로는 별문제가 없고 행복해 보이지만 안으로는 심각하게 곪아 있는 가정도 의외로 많다. 특히 입시지옥과 승자독식의 서열 구조가 깨지지 않고 있는 한국 사회에서 어떻게든 자기 자식을 승자 대열에 합류시키기 위한 부모들의 불안과 욕망은 상상을 초월할 정도이다.

부모들은 아이들에게 과도한 요구를 하는 것에 익숙해져 있으며 그것을 반드시 해내야 하는 '필요악'으로 간주하고 있다. 부모들 자신이 그런 사회에서 생존하며 겪어낸 내면의 상처가 여전히 치유되지 않아 더욱 그렇다. 그런 부모들의 욕망으로부터 비롯된 억압이나 엄격함, 그 반대로 모든 것을 부모가 다 해주려 드는 과잉보호 등도 아이들의 내면을 병들게 한다. 특히 부모와의 갈등으로 인해 발생한 상처를 치유하지 못한 채 성인이 되면 똑같은 문제로 갈등에 처할 확률이 높다. 결혼을 하고 자녀를 낳은 뒤에는 잠들어 있던 내면아이가 배우자나 자녀들과의 갈등에서 어느 순간 불쑥 터져 나온다. 그럴 때 내면아이는 종종 참기 힘든 분노를 불러일으키는 것이다.

부모가 사춘기 자녀에게 느끼는 배신감의 뿌리

"누군가를 사랑하는 것은 상처받을 각오를 하는 것이다."라는 말이 있다. 자녀를 향한 부모의 헌신과 희생의 대가가 반항으로 나타난다면 부모는 상처받을 수밖에 없다. 부모는 배신감을 느끼고 분노를 키워서 자녀에게 화를 폭발시킨다. 하지만 부모가 반항하고 대든다고 느끼는 행동들 중 상당수는 아이 입장에서 자기 의견을 표출하는 것인 경우가 많다. 특히 초등학생을 지나 중학생이 되어 사춘기에 접어들 때 더욱 그러하다.

사춘기는 육체의 변화와 함께 지적 능력 또한 발달하면서 자신의 의사표현을 분명히 밝히는 시기이다. 아이가 자기 스스로 생각한 의견을 말하고 자기 일을 결정하려 한다면 설사 미숙한 판단일지라도 오히려 정체성을 확립하고 독립심을 기를 수 있는 좋은 기회가 된다. 그러나 부모는 이러한 자식의 달라진 태도에 당황한 나머지 곧잘 반항하거나 대든다고 오해를 한다. 아무것도 모르면서 버릇없이 굴고 시건방지다고 판단하기도 한다.

이때 부모가 느끼는 배신감의 상당수는 바로 잠들어 있던 내면아이로 인한 것이다. 어린 시절 아물지 않고 잠들어 있던 상처가 무의식에서 깨어나 불쑥 모습을 드러낸 것이다. 예를 들어 어린 시절에 거절의 아픔을 겪었던 부모는 자녀의 똑 부러지는 의견 표출을 자신의 의견과 존재 자체를 무시하고 거절하는 것으로 확대해석하여 받아들인다. 그리고 자신이 어린 시절에 겪었던 부모의 행동인 '내면부모'를 발동시켜서 자식에게 더 큰 분노를 그대로 폭발시킨다.

혹시 '내' 부모가 어린 시절 나에게 했던 방법 그대로 지금의 '내' 자녀에게 행하고 있는 것은 아닌가. 만약 그렇게 느꼈다면 반드시 그 고리를 끊어내지 않으면 안 된다. 내면아이를 이해하고, 내가 느끼는 분노의 근원이 어디에 있는지 알아야만 그것을 끊어내는 해법 또한 찾을 수 있다.

나는 왜 내면아이 치유에
관심을 갖게 되었나

Chapter 2

어린 시절, 내 꿈은 외딴 섬마을의 초등학교 교사가 되는 것이었다. 강원도 횡성에 자리한 산골짜기 마을에서 태어나 초등학교 2학년 때까지 살았던 나는 조용하고 한적했던 그곳을 많이 그리워했던 모양이다. 그래서 떠올린 것이 섬마을 초등학교 교사가 되어 살아가는 것이었을지도 모른다. 내가 초등학교 3학년 되던 해에 우리 집은 할아버지의 엄청난 반대를 무릅쓰고 자식 교육을 위해 강원도 원주시로 오게 된다. 당시 5~6킬로미터

나 떨어진 학교까지 자전거를 타고 다니던 형이 사고를 당해서 죽을 뻔한 일이 있었는데, 그때 일이 아버지의 이사 결심을 굳혔던 것 같다.

나의 내면아이 연대기

도시에서 생활하면서 내 꿈도 조금은 현실적으로 바뀌었다. 처음 전학을 간 원주 일산초등학교 시절, 나는 우연히 기계체조에 입문했다. 담임 선생님은 소질이 보이는 아이들을 선발하여 교내 운동회에서 기계체조 시범을 보였는데, 그때 나도 뽑혀서 5학년 때까지 기계체조부 활동을 했다.

내가 시험을 치르고 원주중학교에 입학할 무렵에는 가세가 기울어 상급학교 진학마저 포기해야 할 지경에 이르렀다. 아버지가 원주시로 나와서 술친구들에게 이용만 당하다가 가산을 탕진해버렸기 때문이다.

중학교에 입학한 뒤 나는 문예부 활동에 전념하고 있었다. 그 무렵 내가 초등학교 때 기계체조부로 활동했던 사실을 안 체육 선생님이 1년 동안 설득한 끝에 나를 체조부로 선발했다. "체조 열심히 하면 학비 무료로 고등학교에 진학할 수 있다. 국가대표도 될 수 있다."는 말에 나는 체육 선생님의 권유에 응했다. 그렇게 중학교 1학년 겨울방학부터 운동을 계속했고, 중학교 2학년 때 전국체전에 출전했다(1970년까지는 중학생 선수들도 전국체전에 참가했다). 이듬해엔 당시 새로 생긴 제1회 전국소년체육대회에 참가했다. 그렇게 체조선수로 스카우트되어 나는 춘천 제일고등학교에 입학했다.

체조는 당시 내가 대학교에 진학할 수 있는 유일한 길이자 희망이었다. 그러나 희망이 오래가지는 못했다. 고등학교 2학년 때 도마 수평뛰기를 훈련하다가 거꾸로 떨어지는 바람에 목을 다쳤고, 그것으로 체조와의 인연도 끝이 났다. 그 몸으로도 시합에 나가기는 했지만 부상 후유증으로 운동을 계속할 수는 없었다.

나는 대학 입학을 위해 재수를 선택했고, 사범대학교 체육학과에 진학했다. 꿈이 섬마을 초등학교 교사에서 중·고등학교 교사로 바뀐 결정적 계기였다. 만약 내가 처음부터 꾸준히 공부를 했다면 교육대학으로 진학해서 진짜 섬마을 초등학교 선생님이 되었을지도 모른다. 지금도 산골마을 외딴 학교 같은 곳에서 강연 요청이 들어오면 마다하지 않는데, 아무래도 어린 시절 꿈에 대한 미련이 남아서인 것 같다.

1984년 나는 중·고등학교 체육교사로서 새로운 삶을 시작했다. 경기도 광주에 있는 곤지암 동중학교에 처음 부임하던 당시 내 나이는 스물아홉이었다. 햇병아리 교사였지만 의욕만은 누구에게도 뒤지지 않았다. 어찌나 의욕에 차 있었던지 집에서는 아버지가 후두암 말기로 고생하는 와중이었는데 담임, 보건교사, 펜싱부 지도교사, 한문교사까지 1인 4역을 도맡았다. 당시에는 한 학교에 18학급이 안 되면 보건교사를 보내주지 않았다. 그래서 임시방편으로 초임 교사였던 나는 체육교사라는 이유로 보건교사 역할까지 한 것이다. 그래도 여학생들이 많이 도와주어서 겁 없이 담당하긴 했는데, 요즘 시각에서 보면 정말 말도 안 되는 상황이었다.

그때만 해도, 아니 그 뒤로도 오랫동안 나는 '내면치유' 같은 이론에는 별로 관심이 없었다. 오히려 혈기 왕성한 체육 선생님으로 의욕만 앞세우기 일쑤였다. 일선 학교에서 공공연한 체벌이 벌어지던 시절이었고, 나 또한 체벌을 피하지 않았다. 오히려 학생들을 제대로 교육하기 위해 훈육과 체벌은 꼭 필요하다고 생각했다. 내가 학생에게 체벌을 가하거나 엄하게 훈육하는 것도 '그 학생의 장래를 위하는 것'이라고 굳게 믿었다. 그 시대의 분위기가 그랬고, 나 역시 그런 테두리에서 자유롭지 못했다. 그러다가 나로서는 어찌할 수 없는 안타까운 일이 터졌는데, 돌이켜보면 그것이 내면치유에 관심을 기울이게 된 계기였던 것 같다.

좋은 교육을 위해선 좋은 관계가 우선이다

'교사의 충만한 의욕만으로는 학생을 바른길로 인도할 수 없다.'

서른일곱 무렵, 나는 그런 진실을 절감했다. 당시 나는 중학교 2학년 담임을 맡았는데, 똑똑한 여학생이 한 명 있었다. 어느 날 그 학생이 학교 인근 공단에서 일하는 스무 살 청년과 자주 만난다는 사실을 알게 되었다. 처음부터 느낌이 좋지 않아서 나는 학생을 타일렀다.

"네가 어린 나이에 그런 직장인을 만나면 위험할 수 있다. 번지르르한 겉말이나 잘해주는 것에만 현혹되면 후회할 일이 생길 수도 있으니 그 오빠는 이제 그만 만나고 학업에 열중하는 게 좋겠다."

내가 진심을 다해서 타일러도 학생은 내 말을 듣지 않았다. 그날 이후로 나는 꾸중도 하고 호통도 치고 회초리로 종아리도 때리면서 학생의 마음을 돌려보려고 애썼다. 그러나 돌아오는 건 학생의 거부와 반발심뿐이었다. 급기야 그 학생은 가출까지 하더니 직장 근무지를 지방으로 옮긴 공단 남자를 따라갔다가 일주일 만에 돌아왔다. 그러기를 몇번, 그 학생은 임신 증상을 보였다.

나로서는 커다란 충격이었다. 진심을 다해 설득하고 올바른 길로 인도한 결과가 그것이었기 때문이다. 그때 절실하게 깨달았다. 사춘기 아이들에게는 아무리 옳은 말을 해도 제대로 전달되지 못할 수도 있음을. 내가 아무리 이성적으로 충고해도 아이들은 받아들이지 못할 수 있는 것이다. 사춘기 아이들에게는 오히려 당장의 온정이나 달콤한 말 한마디가 이성적인 충고보다 훨씬 더 소중하게 다가온다.

그 학생의 부모님과 면담하면서도 나는 화를 삭이지 못했다.

"공부! 공부! 공부! 공부가 딸보다 중요합니까? 얼마나 아이가 사랑에 굶주렸으면 조금 친절하게 대해준다고 그런 못된 남자에게 빠져들었겠습니까?"

내 스스로 자책도 많이 했다. 극심한 분노와 스트레스에 전에 없던 위궤양까지 앓았다.

시간이 지나면서 나는 새롭게 결심했다. 학생들을 잘 가르치고 올바른 길로 인도하기 위해서는 먼저 학생들과 좋은 관계를 유지하겠다고. 학생과 신뢰가 쌓여 있지 않으면 아무리 좋은 충고도 받아들여지지 않는다. 학생들은 "저 선생님은 나를 사랑한다. 선생님이 나를 위해서 진심으로 하는 말씀이다."라고 느껴야만 비로소 스스로 변화하기 때문이다.

그때의 뼈아픈 경험은 교사로서 내 삶을 변화시키는 하나의 전환점이 되었다. 이성적인 훈육 방식의 한계를 명확히 알게 된 것이다. 강압적인 훈육이나 통제보다 한 사람 한 사람의 내면을 들여다보는 게 훨씬 중요한 것임을 깨달았다.

내면아이의 갈등에 학위 따위는 소용없다

마흔 살 무렵에는 내
면치유를 직접 배우게 된 계기가 생겼다. 가정에서 곪을 대로
곪다가 터져버린 고부 갈등이 그것이었다. 우리 집은 형님 대신
내가 부모님을 모셨는데, 갈수록 어머니와 아내의 갈등이 심해
졌다. 아내는 자꾸만 몸이 안 좋아지더니 급기야 심장병까지 얻
고 말았다.

교사로 발령받은 첫해에 아버님이 후두암으로 돌아가시고 난
뒤 나는 줄곧 어머니와 살았다. 어머니는 내가 출근하고 나면
시장을 돌아다니면서 아들에게 해줄 저녁 반찬거리를 준비하
고 다음 날 도시락을 싸는 게 유일한 낙이었다. 어머니 입장에
서는 일제강점기와 한국전쟁을 거치면서 농사를 짓던 시아버
지, 원주로 이주해서 가산을 탕진한 남편과의 불안정한 생활만
경험하다가 아들이 교사가 되어 안정적인 생활을 하자 몹시 흐
뭇했을 것이다. 그러다가 내가 교사인 아내와 결혼하고 나서부
터 생활방식이 달라지자 아내에게 아들을 빼앗겼다는 박탈감
에 시달렸을 법도 하다.

고부 갈등이 발생할 때마다 나는 아내만 타이르기 바빴다. 어
머니 말씀에 아내가 순종하기를 바랐던 것이다. 아무리 이상한
말씀을 하더라도 꼽진한 삶을 견뎌낸 어머니를 이해해야 한다
고만 강조했다. 하지만 이런 내 태도에 아내는 속이 타들어 갔

고, 급기야 병까지 얻은 것이다.

청소년 상담으로 석사 학위까지 받은 나였지만 그때 깨달았다. 고부 갈등에 학위 따위는 아무 소용도 없다는 사실을.

나는 수소문 끝에 아내와 함께 방배동 치유상담연구원을 찾았고, 그곳에서 내면치유와 공부를 병행했다. 치유상담연구원은 자격증을 주는 곳이 아니라 실제 임상 경험을 나누고 상담을 공부하며 치료하는 곳이었다. 나는 우리 부부의 사례를 솔직하게 털어놓고 상담 치유를 진행했다. 그렇게 내면치유를 진행하면서 나는 참 많이도 울었다. 내 사연을 털어놓고 눈물을 터뜨리자 비로소 전에 보이지 않던 것이 보이기 시작했다. 그러니까 가장 문제가 있었던 사람은 아내나 어머니가 아니라 바로 내 자신이라는 사실이었다.

아내는 내게 하소연을 하는 경우가 많았는데, 그때마다 나는 아내에게 공감하고 동조해주지 못했다. 대신 거의 조건반사처럼 얼굴부터 굳히며 말하곤 했다.

"그럼 어떻게 해야 돼? 어머니를 제주도에 갖다 버리기라도 할까?"

내 경직되고 강압적인 태도에 아내는 혼자 속이 타들어 갔던 것이다.

그렇다면 나는 왜 그토록 민감한 반응을 보였던 것일까. 내면치유 상담 이전에는 미처 알지 못했다. 그저 일곱 살 때 모친을

잃고, 우리 집에 시집 와서 갖은 고생을 다한 어머니를 아내가 이해해주지 못하는 것이 섭섭해서인 줄로만 알았다. 그러나 내면치유를 공부하고 내 무의식에 잠들어 있던 내면아이를 마주하자 그런 내 마음의 실체와 마주하게 되었다. 내 자신의 태도가 어디에서 비롯했는지, 더불어 얼마나 상대에게 상처를 줄 수 있는지.

내가 아내에게 보이는 과민한 반응은 낮은 자존감으로부터 빚어진 것이었다. 할머니와 어머니도 할아버지나 아버지로 인해 집안에 문제가 발생할 때마다 입버릇처럼 말씀하셨다.

"아이고, 내가 시집을 잘못 와서 이 고생이다!"

어린 시절 귀에 못이 박히도록 들었던 말들이다. 그것은 내 무의식에 '거절당한 내면아이'의 상처로 남아 있었다. 그래서 아내의 하소연을 접할 때마다 나는 은연 중 "아내가 시집 잘못 왔다고 후회하는구나."라고 투사시켰던 것이다. 아내는 단지 공감해주고, 힘든 마음을 알아주기를 바랐을 뿐인데 무의식에 숨어 있던 내 깨어난 내면아이가 그것을 '거절의 징조'로 받아들였다. 남편에게 하소연을 하고 들어주길 원했을 뿐인데도 내 내면아이가 갈등을 더욱 키웠던 셈이다.

아내 입장에서는 그런 내 태도에 더욱 상처를 받고 힘들었을 게 틀림없다. 가장 가까이에서 자신을 이해해주어야 할 사람이 어머니 이야기만 나오면 일방통행식의 반응을 보였으니 그 절망감이 얼마나 컸을까.

아내는 마음의 병이 깊게 들어 있었다. 그래서였는지 치유 과정도 어찌 보면 수월한 편이었다. 내가 공감해주고 함께 아파하고 이해해주는 것, 그것이 전부였다.

때로 가장 가까운 사람에게도 경계를 세워야 할 때가 있다. 부모도 마찬가지이다. 어머니라고 해도 장성한 아들의 가정사에 함부로 개입해서는 안 되는 것인데, 나는 내면치유를 하기 전에는 그것을 인정하고 싶지 않았다. 하지만 당장 불편하더라도 때로는 경계를 세우는 것이 서로의 삶을 보호하고 이해하는 길임을 실감했다.

내면치유를 시작하고 몇 년이 지난 뒤 어느 날 저녁이었다. 나는 아내에게 전화를 걸어 밖에서 저녁을 함께 먹자고 이야기했다. 이미 이십 년 가까이 어머니를 모셨던 아내는 놀라움을 표시하며 말했다.

"어머니 집에 계셔서 안 돼요."

나는 아내를 설득하다가 직접 집에 들어가서 어머니에게 말씀드렸다. 오늘은 집사람과 할 이야기가 있으니까 어머니 혼자 저녁을 드셔야겠다고. 이전에는 한 번도 볼 수 없던 내 태도에 어머니는 섭섭해하면서도 무슨 일이라도 생겼는지 의아해하는 눈치였다. 그래도 나는 단호하게 말했다.

나는 아내와 함께 저녁 식사를 한 뒤 진심을 담아 이야기했다.

"여보, 그동안 정말 힘들었지! 내가 당신 말도 못 들어주고 너무 미안했어! 그리고 정말 고마워!"

아내는 그날 하염없이 울었다. 내면의 응어리진 상처에서 뜨거운 눈물이 터져 나왔다. 그리고 놀랍게도 그 순간이 치유의 시작이었다.

나 역시 내면 상처의 근원을 들여다봄으로써 어머니의 불행했던 삶에 대해 더욱 깊게 이해할 수 있었다. 그런 이해의 눈으로 보는 것과 어머니가 아내를 공격하는 것이라고 여기는 마음은 완전히 다른 차원이라는 사실을 깨달았다. 똑같은 갈등 상황이라도 훨씬 객관적인 시각에서 여유롭게 대처할 수 있었다. 어머니 입장에서도 전보다 부드럽고 여유 있는 대응에 한결 마음이 편안해졌을 것이고, 그건 관계의 진전으로 나아갔다.

당신의 상처가 별이 되게 하라

예일대학교 교수였지만 자기 삶의 풍요로움과 결별하고 제3세계 빈민들과 캐나다 장애인 공동체에서 봉사하는 삶을 살았던 영성가 헨리 나우웬(Henry J.M. Nouwen)은 《상처받은 치유자》에서 다음과 같이 말했다.

"자신의 상처를 치유의 원천으로 삼는다는 것은 개인적인 고통을 피상적으로 공유한다는 뜻이 아닙니다. 자신의 아픔과 고통은 모든 인간이 공유하는 깊은 인간의 상태에서 오는 것이라고 보기 위해 부단히 노력해야 한다는 것입니다."

인간은 태어남과 더불어 마음의 상처를 입으며 살아갈 수밖에 없는 존재이다. 그건 숙명과도 같다. 상처의 가장 깊은 곳에는 피할 수 없는 죽음과 존재의 외로움이 자리 잡고 있는데, 관계 속에서 외로움의 상처가 더욱 커질 때가 많다. 가족, 친지, 친구 등 가까운 사람들과 인간관계를 맺으면서 받은 수많은 상처가 사람을 더욱 힘들게 한다.

상처받는 게 싫어서 관계를 회피할 수도 없다. 마치 그건 자꾸 넘어지는 게 두려워 일어나길 포기하는 것과 다를 바 없다. 넘어졌다 일어나본 사람만이 상처를 최소화하며 넘어지는 법도, 다시 일어서는 법도 알게 된다. 인간은 그렇게 앞으로 나아가는 존재이고, 그것이 어쩌면 인생의 보편적인 진리에 가깝다.

헨리 나우웬은 한발 더 나아간다. 상처가 있는 사람만이 다른 이의 상처를 치유할 수 있다고 강조한다. 자신의 상처를 치유해본 사람만이 다른 이의 상처에 깊이 공감하고 치유자로 거듭날 수 있다는 것이다. 자신의 상처에만 매몰되어 허덕이는 사람은 다른 사람의 상처를 들여다볼 수 없다. 그것이 가능하다 해도 둘 모두의 상처는 더욱 커지기만 할 뿐이다. 그렇다고 상처를 외면하고 모른 체하는 사람이 다른 이의 상처에 공감할 수도 없다. 그는 단지 냉정하고 싸늘한 사람인 것이다.

자신의 상처를 치유한 자, 그리고 그 상처가 얼마나 아픈지 깊이 공감한 자만이 다른 이의 상처도 치유할 수 있는 능력을 부여받는다. 그렇다고 상처를 치유해주는 놀라운 기적의 약물 같은 건 존재하지 않는다. 누구나 살면서 상처를 받을 수밖에 없다는 인간 실존의 진실을 깊이 받아들이는 순간 치유와 해방의 가능성이 열릴 수 있다.

나는 무의식의 내면아이를 대면함으로써 갈등의 근원이, 상처의 원인이 어디에 있는지 알게 되었다. 그리고 순간순간 내 삶을 조정하던 어린 시절의 내면아이로부터 조금씩 놓여났다. 그것은 내 자신뿐만 아니라 주변 사람들과의 관계를 치유하는 첫 번째 발걸음이 되었다.

"Turn your scar into a star."

내가 좋아하는 영국 속담으로 "당신의 상처가 밤하늘의 별이 되게 하라."는 뜻이다.

교육 현장에서도 이런 속담을 적용할 수 있다. 어둠이 깊을수록 별은 더욱 환히 빛나게 마련이다. 마찬가지로 우리 교육 현장의 상처들도 더욱 크게 도드라져 보일 수 있다. 그것을 단지 시간이 해결해줄 상처로 여겨서는 안 된다. 학생, 학부모, 동료 교사의 상처와 마주하기 위해서는 먼저 내 자신의 상처를 들여다보아야 한다. 내 상처의 근원을 이해함으로써 상대의 상처에 공감하고 위로하는 치유의 첫발을 내디딜 수 있기 때문이다.

자기 자신의 상처받은 내면아이를 발견하고 마주하는 것은 상처가 별이 되게 하는 첫 단추이다.

아이들은 말썽을 일으키는 게 아니라
상처를 아파하는 것이다

Chapter 3

"칭찬할 게 있어야 칭찬을 하죠. 미워 죽겠는데……."

"우리 아이는 뭐든 나와 함께하는 것을 싫어해요. 어떻게 하면 좋죠?"

"우리 아이는 맨날 핸드폰만 보는데 어떻게 하면 좋을까요?"

부모님들이 청소년기 자녀에 대해 털어놓는 가장 흔한 불만들이다.

말만 들으면 부모에게 자녀는 사고라도 치면 어떡하나 싶어 걱정만 되는 골칫덩어리에 가깝다. 부모는 아이와 옥신각신 씨름하다가 어느 순간 자포자기하면서 아이들이 사춘기나 '중2병'을 유별나게 앓는 것이라 손쉽게 결론 내리곤 한다.

학생들은 얼핏 사춘기적 반항에 머물러 천방지축으로 보이기도 한다. 무엇을 말해도 잘 듣지 않고, 혼자만 있으려 하고, 청개구리처럼 하지 말라는 것만 하려 하고, 조금만 싫은 소리를 해도 반항적인 태도를 보이는가 하면 손에서 핸드폰을 놓으려 하지 않는다.

정말 그렇기만 할까? 정말 지나친 사춘기적 반항인 것일까? 조금만 더 애정을 가지고 자세히 들여다본다면 아이들은 말썽을 일으키려는 게 아니라 단지 아프고 힘들어서 그렇게 행동하는 것임을 깨달을 수 있다. 그렇다면 문제가 무엇이고 어떻게 바꾸어야 하는 것일까? 대부분은 부모가 하는 말과 아이의 행동 속에 문제의 핵심이 고스란히 들어 있다.

아이들은 스스로 선택할 수 있다

칭찬은 자녀 교육의 핵심이다. 어른도 그렇지만 아이 역시 인정받고 싶은 욕구가 강하다. 그럼에도 부모가 칭찬할 게 없고 미워 죽겠다고 말한다면, 거기엔 부모가 자기만의 잣대로 아이를 평가하고 바라보기 때문인 건 아닌지 냉정히 성찰해볼 필요가 있다.

부모가 욕심을 내려놓고 자세히 바라보면 칭찬할 점은 반드시 보인다. 부모와 어른의 역할은 아이에게 숨겨진 장점을 발견해내는 일이어야 한다. 솔직히 나 역시 그렇지는 못했다. 겉으로는 한 사람 한 사람의 고유성을 인정하는 척했지만 속마음은 다를 때가 많았다. 공부 잘하는 학생, 말 잘 듣는 학생, 성실한 학생, 말썽만 피우는 학생, 게으른 학생 등으로 알게 모르게 구별하고 딱지를 붙였던 것 같다.

내면치유를 하고 나서부터 학생들을 보는 내 눈은 많이 달라졌다. 똑똑하고 말 잘 듣는 학생이나 공부 못하고 말썽 피우는 학생이나 모두 똑같은 한 사람이라는 점이 가장 크게 눈에 들어왔다. 모두 똑같이 상처를 지니고 있고, 세상에 하나밖에 없는 유일무이한 존재들이었다. 서로 다른 장단점이 있는 학생들에게 똑같은 잣대를 들이대는 내 스스로가 문제였다.

사춘기 청소년들을 칭찬할 때 주의해야 할 점도 있다. 단순히 기분 좋게 하려는 의도로 칭찬해서는 안 된다. 십대 아이들은 칭찬받을 일도 아닌데 칭찬을 받으면 '나를 조종하려고 한다.'라거나 '누굴 어린아이인 줄 아나?'라고 불쾌한 마음을 가질 수도 있다.

부모의 칭찬은 자녀가 어떤 과제를 수행해나가는 과정에서 진정성 있게 그 노력을 인정해주는 표현이어야 한다. 예를 들어 동생과 옥신각신 다투고 있는데 "동생에게 양보하면서 잘 지내줘서 고마워."라고 말하면 안 된다. 주의해야 할 또 한 가지는 '구체적으로 칭찬하라.'는 것이다. 이를테면 "양말을 벗어서 세탁기에 넣어주니 엄마가 훨씬 편해지는구나. 고마워!"라고 말하는 식이다.

공부를 못해도, 성적이 잘 나오지 않아도 칭찬할 거리는 얼마든지 있다. 학급 환경 정리를 하는데 게시판을 잘 만들었다거나 모두 마지못해 하는 대청소 시간에 앞장서서 청소를 했다는 이야기를 전해 들었다면 놓치지 말고 칭찬해주어야 한다. 특히 좋은 결과가 있을 때만 부모가 칭찬을 한다면 아이들은 커다란 부담감을 가진다. 결과보다는 과정에서 칭찬할 구체적인 것을 찾아내 반응해주면 아이들은 무엇이든 강한 동기부여를 받는다. 학교 성적 같은 획일적인 잣대만 들이대면서 칭찬을 게을리한다면 아이의 자존감은 점점 낮아지고 어느새 내면 깊숙이 수치심과 좌절감이 똬리를 틀고 앉을 수 있다.

외로운 아이에서 생태 동아리 회장으로
··

정운이는 혼자 조용히 놀기 좋아하는 남학생이었다. 중학교에 입학한 지 한 달이 지나도록 늘 그랬다. 걱정도 되고 의문도 생겼지만 일단 아이를 지켜보았다. 4월 어느 점심 시간이었다. 운동장 동편 나무 우듬지를 유심히 바라보고 있는 정운이가 눈에 띄었다.

"정운아, 뭐하고 있니?"

"새 보고 있어요."

"새?"

"네, 저기 나무 위에 새가 앉아 있잖아요."

"어, 나도 보인다! 그런데 정운이는 새를 좋아하니?"

"네, 새 관찰하는 게 재미있어요."

그날 정운이는 나와 편안하게 이야기를 나누었다.

평소 말이 없고 친구도 없지만 자신이 좋아하고 호기심을 갖고 있는 '새'에 대한 이야기를 나눌 때만은 눈을 반짝이며 말을 아끼지 않았다.

그날 이후 나도 정운이와 함께 점심 시간이면 새를 관찰했다. 정운이는 단지 호기심만으로 새를 좋아하고 관찰하는 차원이 아니었다. 혼자서 조류도감을 읽고 새에 대해 꾸준히 공부하며 새 이름을 외웠다. 철새가 언제 한국에 들어와 여름이나 겨울을 나고 남쪽이나 북쪽으로 가는지도 찾아서 공부했다. 그러던 어느 날 정운이가 내게 말했다.

"우리 학교에 새가 많이 날아왔으면 좋겠어요."

"오, 그래? 어떻게 하면 새가 날아올까?"

"두 가지 조건이 필요해요."

"어떤 조건?"

"물웅덩이와 먹이가 필요해요."

"정운아, 그런데 옆에 있는 군부대에 호수처럼 커다란 연못이 있는데, 새들이 전부 거기로 가지 않을까?"

"아니에요. 그 연못은 너무 커요. 작은 새들에겐 작은 물웅덩이가 필요해요. 도시에 사는 작은 새들은 목욕할 장소가 없을 때는 깨진 유리병에 고인 물에서도 목욕을 해요."

"아, 그렇구나! 정운이는 새에 대해서 정말 많이 알고 있구나! 조류박사 같은데?"

"네, 저는 조류학자가 되는 게 꿈이에요."

이날 정운이가 제안한 대로 나는 학교 담장 밑에 조그마한 물웅덩이를 만들고 나무에 먹이통도 달았다. 또한 학생부장 선생님이 생태 동아리를 만들어서 열다섯 명의 아이들이 정운이와 함께 새를 관찰하거나 자연생태에 대해 공부하게 되었다.

정운이는 답사 계획을 세우고 습지와 철새 도래지를 방문하는 생태 동아리 반장이자 리더로 성장했다. 정운이와 친구들의 노력 덕분에 우리 학교에 날아오는 새들은 참새나 까치, 직박구리, 박새 이외에도 쇠박새, 숲새, 쇠유리새, 큰유리새, 곤줄박이, 딱새, 제비, 붉은머리오목눈이, 멧비둘기 등 13종이나 되었다.

어느 날 나는 붉은머리오목눈이 한 마리가 날아와서 지난번 만들어놓은 물웅덩이로 들락날락거리며 깃털에 묻은 물을 터는 모습을 목격했다. 그 신기한 동작을 본 뒤부터 나도 새를 관찰하는 매력에 폭 빠져들었는데, 새가 날아간 뒤 물웅덩이에서 반짝이는 물체를 발견했다. 물웅덩이를 만들면서 물이 새지 않도록 바닥에 깔아놓은 비닐이 햇빛에 반사되는 것이었다. 나는 물웅덩이가 반짝거리지 않도록 비닐 위에 자갈과 모래를 깔았다. 정운이도 "물 표면에서 반사되는 빛은 새들도 싫어할 거예요."라고 기쁜 표정으로 말했다. 나도 내심 뿌듯했다. 새들이 불편해할 빛반사를 없앤 까닭도 있지만 무엇보다 정운이가 자기만의 꿈을 키워나가는 모습이 대견해서였다. 정운이는 어린 '새 박사'가 되어 있었고, 자기가 좋아하는 일을 누구보다 열정적으로 추구하는 학생으로 훌쩍 성장해 있었다.

정운이가 친구들과 어울리지 않고 혼자서 교정을 거니는 모습을 발견했을 때 내가 섣불리 충고를 건넸다면 어땠을까.

"정운아! 왜 친구가 없어? 혼자만 다니지 말고 친구들과 어울리고 그래. 가서 축구도 하면서 함께 뛰어놀아야 돼!"

아마도 정운이는 더욱 위축되지 않았을까. 친구들과 어울리는 척해도 마음은 겉돌기만 했을지도 모른다. 어쩌면 정운이가 조류학자를 꿈꾸는 일 또한 생기지 않았을지 모른다. 정운이의 외로움이 더 깊어졌을 수도 있다. 하지만 정운이가 좋아하는 것을 발견하고 관심을 가져주자 자연이라는 친구가 생겼고 자신만의 꿈도 키워나갈 수 있었다.

부모님들은 자녀들이 같이 여행을 가려 하지 않고, 대화조차 나누려 하지 않는다며 어려움을 호소한다. 그러나 부모님들이 일방적으로 시간 약속을 정하고 여행을 계획하고 대화하려는 경우가 대부분이다. 사춘기는 친구들과 어울리고 공감하는 것이 매우 중요한 시기이다. 친구들과 미리 약속을 정해놓았는데 갑자기 여행을 제안하면 아이는 난감해질 수밖에 없다. 또 자녀는 자라면서 관심사와 취미가 달라질 수밖에 없다. 그런데 부모는 자녀의 어린 시절 모습만 기억하고 여전히 그래주길 기대한다.

어린 시절 만화영화를 좋아하고 떡볶이를 좋아했다고 해서 십대 사춘기가 되어서도 계속 좋아할 거라 여기는 건 순진함을 넘어 무관심에 가깝다. 진정으로 자녀를 위한다면 자녀가 현재 무엇을 좋아하고 관심을 보이는지, 그동안 얼마나 성장했는지 알려고 하는 노력이 필요하다. 그러므로 자녀와 함께하려면 무엇이든 먼저 물어보고 함께 계획을 세우는 것이 중요하다. 또한 부모가 요구하는 것이 자녀도 원하는 것인지, 원하는 대화인지 사려 깊게 돌아보는 자세가 밑바탕이 되어야 한다.

아이들의 선택에 맡긴 '즐거움'의 실험
_스마트폰 3개월 안 쓰기 실험

스마트폰을 손에서 놓지 않는 아이는 부모를 힘들게 한다. 요즘 아이들이 특히 그렇다. 밥 먹을 때도, 잘잘 때도, 심지어 대화할 때도 눈길은 스마트폰에만 머물러 있다. 공부를 하는가 싶어 방으로 가보면 또 스마트폰 삼매경이다. 스마트폰으로 친구와 수다를 떨고, 인스타그램을 하고, 유튜브를 보고, 게임을 하면서 밤을 새우기도 한다. 학교에 나와서는 꾸벅꾸벅 조는 바람에 학업은 뒷전이기 일쑤이다. 부모가 화를 내면서 스마트폰을 빼앗지만 거의 식음을 전폐하며 필사적으로 저항하는 아이에게 결국 두 손 두 발 들게 된다. 요즘 가정에서 흔히 볼 수 있는 광경이다.

스마트폰이 문제이긴 문제이다. 그러나 관점을 달리해보자. 과연 십대 아이들만 스마트폰에 빠져 있는 것일까. 지하철이나 버스를 한번 타보자. 혹은 광장이나 동네 공원에라도 나가보자. 남녀노소 막론한 거의 모든 사람이 스마트폰에 매달려 있다는 사실을 금세 알 수 있다. 십대 아이들만 스마트폰에 중독돼 있는 것처럼 말하는 건 지나친 과장이 아닐까. 더구나 태어나면서부터 스마트폰을 만지고 자란 요즘 아이들에겐 신체의 일부나 마찬가지이다. 그럼에도 스마트폰이 뇌 집중력을 흐트러뜨리고 전두엽 기능을 떨어뜨린다는 연구 결과가 있는 것을 보면 청소년에게 안 좋은 영향력을 끼치는 건 분명한 사실인 것 같다.

십대 아이들이 스마트폰을 유별나게 가까이한다면 관심을 갖고 애정을 갈구할 대상이 없어서 그럴 확률이 높다. 그런 아이에게 윽박지르고 잔소리한다면 상황은 더 악화될 뿐이다.

덕양중학교에서도 '스마트폰 3개월 안 쓰기 실험'을 했던 적이 있다. 우리는 학생, 교사, 학부모 대표들이 모여서 함께 제정한 '생활협약서'를 2년마다 논의하여 개정하는데, 그 협약서에 '학교에서는 스마트폰을 쓰지 않는다.'는 조항이 들어 있다. 학생들은 등교 후에 스마트폰을 제출하고 하교할 때 되돌려 받아야 했다. 그러다가 2018년 스마트폰 관련 조항을 개정해야 한다는 목소리가 학생들로부터 들려왔다.

학생회 대표는 "전체 학생에게 물어본 결과 7:3으로 스마트폰을 자율적으로 사용하게 하자."는 쪽으로 의견이 수렴되었다고 했다. 결국 학생, 교사, 학부모 대표가 휴대전화 사용 안건을 가지고 머리를 모아 협의에 들어갔다. "과연 학생들이 자율적으로 잘 관리할 수 있겠는가?"라는 우려에 학생 대표들은 "그럼 한 달만 시험해보자."며 제안을 해왔다. "한 달만"이라는 학생들의 제안에 교사, 학부모 대표들도 동의를 해주었다. 이튿날 '3주체 대표회'의 결과를 교사 대표들이 교직원 회의에서 이야기하자 "약속대로 한 달은 줘봐야 한다."는 의견과 "한 달 줬다가 빼앗는 것은 알코올 중독자에게 술을 줬다가 빼앗는 것과 같다."고 반대하는 의견으로 갈라졌다. 교사 양쪽의 주장은 정확히 5:5로 나뉘었다.

교직원 회의를 지켜보던 내가 의견을 냈다. "이번 기회에 아이들 스스로 느끼고 결정하도록 하는 건 어떨까요?"라고 역제

안을 한 것이다. 결국 학생들이 스마트폰을 스스로 절제할 수 있는지 우선 실험을 해보고 그 결과가 나올 때까지 생활협약서 개정은 유보하기로 했다. 그렇게 '스마트폰 3개월 안 쓰기 실험' 프로젝트가 가동되었다.

나는 교직원 회의가 끝난 뒤에 이 기획안을 KBS〈시사기획 창〉제작팀에 보냈고, 긍정적인 회신을 받을 수 있었다. KBS 측에서 연세대학교 의과대학 강남 세브란스병원 김은주 교수팀과 첨단 뇌 영상 전문 업체 팀과 함께 '스마트폰 과다 사용이 중학생의 뇌에 어떤 영향을 미치는지' 실험을 통해 알아보기로 한 것이다.

아이들 스스로 참여한 실험의 변화들

KBS〈시사기획 창〉제작팀과 함께 '스마트폰 3개월 안 쓰기 실험' 프로젝트를 진행하기 위해 나는 직접 교실마다 돌아다니고 취지를 설명하면서 참가 희망자를 모집했다. 혹시 한 명도 자원자가 없으면 어떡하나 걱정도 했지만 다행히 열일곱 명의 학생이 신청을 해주었다. 열일곱 명 중에서 지금까지 평범하게 스마트폰을 사용해온 실험에 적합한 일곱 명을 선발했다. 전교생을 대상으로 스마트폰을 지금처럼 실험 기간 동안에 꾸준히 사용할 대조군 일곱 명을 다시 선발하여 실험을 시작했다.

학생들이 실험에 참가한 이유는 다양했다. "스마트폰 때문에 부모님과 갈등이 심해져서 친구와 함께 신청했다."는 학생도 있었지만 대체로 "너무 중독이 된 것 같다."거나 "점점 사용 시간이 늘어나는 것 같아서" 스스로 위기감을 느끼는 학생들이 많았다. 개중엔 "스마트폰을 사용하기 전과 후의 차이점을 알고 싶어서"라며 학구적 호기심을 보인 학생도 있었다.

일곱 명의 학생은 한자리에 모여 '스마트폰 3개월 안 쓰기 선포식'을 가진 뒤에 간단한 연락만 주고받을 수 있는 폴더폰을 제공받고 스마트폰을 봉인했다. 선포식에 함께한 가족들도 도움을 주기 위해 스마트폰 사용을 최대한 줄이기로 했다. 그러나 애초 3개월을 계획했던 실험은 사정이 생겨 70일로 일단락되었다. 물론 2개월 이상이면 임상적으로 충분히 의미 있는 실험 결과를 도출해낼 수 있는 기간이라는 전문가의 판단이 뒷받침되었다. 그동안 실험 참가 학생들은 PC 사용 같은 스크린 타임도 가족 약속을 통해 대략 주중 1시간, 주말 2시간 정도로 제한해서 사용하기로 약속했다.

연세대학교 의과대학 강남 세브란스병원 김은주 교수팀은 설문조사와 상담, 뇌영상 촬영으로 실험 결과를 분석했는데, 무척 의미심장한 지표를 도출해내었다.

먼저 설문조사에서는 참가 학생과 부모 모두에게서 '주의 집중력 향상'이라는 의견이 도출되었다. 대조군과 비교했을 때,

실험군에서만 실험 전후로 주의 집중력 관련 척도가 유의미하게 변화하는 결과를 보인 것이다. 실험군은 거의 변화가 없는 대조군에 비해 '가족 내 의사소통'과 '공격성, 반항행동'이 확연하게 줄어든 지표를 보였다.

보다 객관적인 지표를 보여줄 수 있는 뇌영상 촬영 결과는 더욱 고무적이었다. 실험 전후로 나누어 실시한 실험군과 대조군의 뇌영상 촬영 결과에 따르면 실험군은 스마트폰 실험 결과 후 전두엽 기능이 눈에 띄게 활성화됐지만 대조군에서는 별다른 변화를 보이지 않았다. 실험 전 촬영 당시에는 '인지능력', '주의 집중력' 등이 매우 비슷한 수준인 두 집단이 실험 후에는 스마트폰을 일정 기간 사용하지 않았던 실험군 쪽에서 '충동 억제'와 '자기 조절 기능'이 좋아진 것으로 나타났다.

전두엽은 이성적 사고와 판단, 행동과 감정 조절 등의 역할을 수행하는 뇌의 중추적인 부분이다. 특히 중학생처럼 호르몬 변화가 많은 시기에는 자기 조절력을 유지할 수 있게 해준다. 따라서 스마트폰을 절제한 실험군에서 전두엽 기능이 향상되었다는 것은 매우 유의미한 결과였다. 이외에 작업 기억 능력 역시 실험 후에 더욱 효과적으로 상승했다. 70일 동안 스마트폰을 사용하지 않자 주의 집중력, 자기 조절, 작업 기억 능력이 모두 향상된 것으로 나타났다.

아이들 스스로 목표를 세워 느껴보게 하라

이처럼 의미 있는
실험 결과를 이끌어냈다는 점은 중요했다. 그러나 내가 더욱 중
요하게 여겼던 부분은 학생들 스스로 스마트폰을 사용하지 않
는 경험을 통해 이전과 다른 가능성을 찾아냈다는 점이었다. 학
생들은 제 몸 일부처럼 여기던 스마트폰과 떨어져 있는 경험을
통해 장점도 많다는 걸 깨달았다.

"생각하는 시간이 많아졌어요."

"가족끼리 보내는 시간도 확실히 많이 늘었던 것 같아요."

"책을 보게 되었어요. 스마트폰을 사용하면서 책을 거의 읽지
않았거든요. 폴더폰을 사용하면서 책을 읽었는데, 스마트폰을
안 하고도 살 수 있구나, 그런 생각도 들었어요."

"친구들과 예전에는 스마트폰을 가지고 놀았는데, 없으니까
밖에 나가서 함께 뛰어놀게 되었어요. 그게 좋았어요."

"생각에 여유가 생겨서인지 가족 관계가 나빠지지 않았어요."

"저녁 식사 전이나 후에는 대부분 제 방에 있었는데, 요즘에
는 가족과 식사하면서도 끝난 후에도 함께 이야기하는 시간이
많아졌어요."

"실험 기간에는 사실 기억력이 좋아졌다거나 이런 건 잘 못
느꼈어요. 그런데 실험이 끝나고 다시 스마트폰을 사용하면서
차이점을 좀 느꼈어요. 실험 중에는 책을 읽을 때 몰입도가 높

았는데 스마트폰을 사용하고 나서는 확실히 많이 떨어졌어요."

'스마트폰 3개월 안 쓰기 실험' 참가 후에 달라진 긍정적인 변화에 대해 학생들이 내보인 대답들이다. 다른 친구들에게도 스마트폰 절제를 권장할 수 있겠느냐는 물음에도 학생들은 긍정적인 대답을 들려주었다.

"전자기기에 대한 의존도가 얼마나 높았는지 몸으로 경험했고, 뼈저리게 느꼈어요. 내가 현실이 아닌 허상에 이렇게 깊이 빠져 있었나 하는 생각도 들었고요. 아무래도 가짜보다는 진짜에 집중하는 게 좋을 것 같아요."

"무조건 스마트폰이 유해하고 이 실험이 좋았다고는 말하고 싶지 않아요. 하지만 실험을 통해서 인생이 통째로 바뀔 수 있는 친구도 있을 것 같아요. 엄청 소중하고 특별한 경험인 건 분명해요."

"뭐든 직접 경험하는 것이 중요하다고 생각해요. 몇 개월 안 쓰기 같은 목표를 세워서 이게 정말 내게 유익한지, 그렇지 않은지 직접 느껴보면 좋겠어요."

학부모와 교사의 굳건한 신뢰의 힘

실험에 참가한 학생들의 의견을 종합해보자면 스마트폰을 멀리해보니 그것이 얼마나 내 삶에 많은 영향을 미쳤고, 빠져 있었는지, 그리고 다른 소중한 것들을 소홀히 했는지 알게 되었다는 것이다. 덧붙여서 나는 '스마트폰 3개월 안 쓰기 실험'이 사실은 학생과 교사, 학부모 사이의 튼튼한 신뢰의 고리를 확인하는 과정이었다고 생각한다. 스마트폰이 대체할 수 없는 현실 세계의 신뢰를 회복하는 과정을 직접 실험해본 것이라고 말이다. 특히 이 실험에서 중요한 것은 어느 한쪽이 일방적으로 의견을 강요하거나 명령하지 않고 함께 해결책을 모색한 점이다. 그 과정을 학생들 스스로 경험하면서 무엇이 소중하고 낭비되고 있는지 직접 깨달았다는 사실이 무엇보다 소중한 경험이라고 생각한다.

더불어 아이들이 제 몸처럼 여기는 스마트폰을 긴 시간 동안 떨어뜨려 놓고 견뎌준 데에는 함께 진행하고 지켜봐준 학부모와 교사에 대한 굳건한 신뢰가 있었기에 가능했다. 부모와 교사의 지지와 응원에 힘입어 아이들은 자기들 말로 "배신 때리면 안 된다."고 여기며 신뢰를 지키기 위해 굳게 노력했던 것이다.

물론 지금 이 시간에도 스마트폰에 많은 시간과 에너지를 낭비하는 수많은 청소년이 있다. 그들을 윽박지르기만 해서는 현실이 개선되지 않는다. 오히려 반발심과 갈등만 더 커질 가능성이 매우 높다. 무엇이 좋고 나쁘며 어떤 것이 더 중요한지, 스마트폰으로 인해 잃어버린 것이 무엇인지 아이들 스스로 느끼도록 목표와 환경을 조성해주는 것이 무엇보다 중요하다. 작은 목표를 세워서 함께 실천해보고, 아이들이 그 작은 목표를 이뤄내도록 지지하고 응원한다면 스마트폰에만 매달려 있던 학생들의 시선이 조금씩 돌아오리라 믿는다.

중2병은 없다

30여 년 동안 사춘기 아이들과 부대끼면서, 나는 이재무 시인의 〈땡감〉이라는 시가 얼마나 아이들의 심리 상태를 적절히 표현했는지 깨닫고 감탄할 때가 많다.

땡감-이재무

여름 땡볕
옳게 이기는 놈일수록
떫다

떫은 놈일수록
가을 햇살 푸짐한 날에
단맛 그득 품을 수 있다

떫은 놈일수록

벌레에 강하다

비바람 이길 수 있다

덜 떫은 놈일수록

홍시로 가지 못한다

아, 둘러보아도 둘러보아도

이 여름 땡볕 세월에

땡감처럼 단단한 놈들은 없다

떫은 놈들이 없다

이 시에서처럼 땡감은 한여름을 푸릇푸릇한 빛깔과 떫은 맛으로 지낸다. 아직 철들지 않고 거친 십대 청소년들도 땡감처럼 떫고 서툰 시기를 거친다. 그러나 땡감이 없다면 홍시도 없다. 땡감의 시기를 지나야만 홍시가 될 수 있다. 여름 내내 푸릇푸릇한 빛깔과 떫은 맛 대신 단맛을 낸다면 벌레의 먹이가 되거나 무더위를 이기지 못하고 썩어버릴 것이다.

땡감이 떫은 것은 그 강렬한 여름 햇살을 견디고 이겨내기 위한 생명의 지혜이며 가을의 시원한 바람과 푸짐한 결실을 예비하기 위한 것이다. 아이들 역시 그렇다. 십대 아이들은 단지 땡감인 시절을 거치는 중이다. 그런 아이들에게 미리부터 달고 말랑말랑한 홍시가 되길 기대하는 것은 어른들의 욕심일 뿐이다.

땡감의 떫음에 부정적인 것만 들어 있는 것도 아니다. 딱딱하게 굳어버린 기성세대의 고정관념과 아집을 용감하게 거부하는 힘이 아이들에게는 있다. 그것이 좌충우돌하는 모습으로 보일지 몰라도, 그러한 떫음의 시기를 온전히 지내야 홍시 같이 성숙한 존재로 성장할 수 있다. 어른들 역시 설익었을지라도 그렇듯 강렬한 에너지와 솔직함을 보면서 자기 자신을 성찰할 기회를 얻을 수 있다.

사춘기 아이를 중2병으로 바라보는 어른들의 시각은 땡감이 홍시이기를 바라는 것과 비슷하다.

십대 아이들은 "내가 이 말하면 교장한테 안 찍힐까? 선생님한테 안 찍힐까?" 그런 걸 염두에 두지 않고 떠오르는 대로 확확 말을 내뱉는다. 그런 아이들에게는 원초적인 생명의 힘이 있다. 그 시기를 지나야만 비로소 성숙한 아이가 될 수 있는 통과제의인 것이다.

발달심리학적 관점에서 보면 중학생은 전두엽이 왕성하게 형성되는 시기이다. 전두엽은 기억력, 사고력, 판단능력 등 아주 중요한 기능을 담당한다. 초등학교 때는 어른들 말을 그대로 수용하다가 중학교 때 갑자기 자기주장이 강해지는 것은 이 시기에 전두엽이 형성되기 때문이다. 하지만 중학교 때 전두엽 발달이 완성되는 일은 없다. 그렇기 때문에 어른처럼 타인의 입장을 고려하면서 말하는 수용성 따위를 기대하기 힘들다.

중학생은 흔히 충동적이기 쉽고 자기만의 세계에 빠지는 경우도 많다. 전두엽이 제대로 발달하려면 신체를 왕성히 움직여야 하고 폭넓은 인간관계 속에서 다양한 경험을 해야 한다. 오히려 이 시기를 잘못 보내면 충동성, 자기조절 장애 같은 문제가 생길 수 있다.

분명한 사실은 사춘기를 어떻게 보내느냐에 따라 아이의 인생이 달라질 수 있다는 것이다. 아이가 장차 성인이 되었을 때, 사춘기 시절을 아름답게 기억할지 내면의 상처를 입어 생각조차 하기 싫은 시기로 기억할지는 부모와 교사 등 성인들의 몫이다. 부모와 교사의 역할 중 가장 중요한 것은 아이를 있는 그대로 '인정'하고 '존중'하며 그들의 말을 '경청'하고 기다려주는 수용성이다.

담쟁이넝쿨이 가르쳐준 교훈

언젠가 덕양중학교에서 학교 텃밭 뒤에 있는 방음벽에 담쟁이넝쿨을 심은 적이 있다. 오른쪽 방음벽은 예쁘고 푸른 담쟁이로 덮여 있는데, 왼쪽 반 정도는 철제 방음벽이 그대로 드러나 삭막해 보였기 때문이다. 마침 학교발전기금을 내주신 분도 계셔서 작은 소망을 이룰 수 있었다. 담쟁이를 식재하던 날, 푸르고 무성한 담쟁이가 방음벽을 뒤덮은 모습을 상상하면서 괜히 기분이 좋았다.

소박한 희망은 어느새 조바심으로 바뀌었다. 새로 심은 너무 작은 넝쿨을 보면서 '언제 자라서 저 높은 방음벽을 다 덮을 수 있을까?' 욕심이 서둔 것이다. 그때부터 나는 거리를 걷다가도, 대학이나 연수원에 운치 있게 자란 담쟁이를 볼 때마다 '우리 담쟁이는 언제 저렇게 자라날 수 있을까.' 안타까워했다. 한남대교를 건너 경부고속도로에 진입하면서도 방음벽을 가득 채운 담쟁이만 눈에 들어왔다.

그러던 어느 날이었다. 학교 울타리에서 폐가 쪽으로 뻗어나간 몇 개의 큰 담쟁이넝쿨을 보고 '아, 이거다!' 하며 반가운 마음이 들었다.

"너는 이런 구석에서 있을 작품이 아니야. 내가 옮겨줄게!"

나는 그렇게 속삭이며 체육복으로 갈아입고 땀을 흘리며 뿌리째 캐서 성장이 더딘 작은 담쟁이 앞에 그것들을 옮겨 심었다. 물을 충분히 주면서 길이가 2~3미터 정도 되니까 훨씬 빨리 방음벽을 덮을 것이라는 확신에 몸은 피곤했지만 마음만은 흐뭇했다. 이튿날 출근하자마자 옮겨 심은 담쟁이가 궁금해서 뛰어가 보았는데, 예상과 달리 싱싱하던 잎사귀는 시들고 있었다. 처음이라 그럴 거라 여기며 애써 곧 살아나리라는 희망을 가져보았다. 그러나 결국 옮겨 심은 담쟁이는 갈색 낙엽으로 변하고 말았다. 그 옆에 작고 여리지만 이제 뿌리를 내리고 파릇파릇해진 잎사귀를 매단 담쟁이들이 나를 비웃는 것만 같았다.

며칠 뒤 나는 학부모 교육 강의를 하면서 말했다.

"아이들의 성장을 기다려주십시오."

그 순간 나는 화들짝 놀라고 말았다. 시들어 마른 잎과 만지면 부서질 것처럼 갈색으로 변한 담쟁이넝쿨이 떠올랐던 것이다. 죽어버린 담쟁이들이 나를 원망하고 비웃는 것만 같았다. 부모님들에게 강의하는 내용과 다른 내 조급한 심정을 들켜버린 것 같아 몹시 부끄러웠다.

이튿날 아침에 나는 담쟁이들에게 가서 진심 어린 사과를 했다.

"너희들이 살았던 그곳에 두었어야 했는데, 사람들에게 잘 보이는 장소에 두려던 내 조급함과 허영심에 그만 죽고 말았구나. 미안하다."

그러자 처음에 심었던 작고 푸른 담쟁이들이 다르게 보였다. 아직 덜 자랐지만 작고 여린 그대로의 모습이 너무도 아름다웠다.

대한민국 부모들이 자녀를 바라보는 마음이 대체로 내가 담쟁이를 옮겨 심으면서 조바심치는 마음과 다르지 않은 것 같다. 부모들은 한결같이 어서 아이들이 자라 좋은 대학, 좋은 직장에 들어가 남부럽지 않게 살아가는 모습만 기대한다. 조금만 배움이 더디고 성적이 안 나와도 불안하기만 하다.

아직 어린 이웃집 아이가 영어로 말을 잘하거나 피아노를 잘 치면 그렇게 하지 못하는 내 아이와 비교하고는 화가 나서 다그친다. 성적이 안 나오면 어떻게든 더 오르도록 더 많은 과외와 학원으로 내몰면서 아이를 파김치로 만들기 일쑤다. 그 모든 것은 내 만족이 아니라 아이의 장래 행복을 위한 것이라 위안을 삼는다. 그럼에도 정작 아이가 무엇을 하려 하고, 원하는지는 건성으로 묻거나 관심조차 없다.

부모들의 욕망은 대체로 허영심이거나 과욕인 경우가 많다. 마치 작은 담쟁이가 성장 법칙을 어기고 빨리 자라기만 바라던 내 조바심과도 비슷하다. 그 조바심은 잘 자라고 있던 다른 담쟁이를 죽이는 결과를 초래했다. 작은 담쟁이는 작은 담쟁이대로 소박한 아름다움이 있다는 것을 인정하고, 시간이 걸리더라도 자라나는 과정을 기다렸어야만 했다. 작은 담쟁이가 작다고, 더디게 자란다고 실망하지 않고 인내심을 갖고 기다려준다면 언젠가 담쟁이는 훌쩍 자라 높은 벽을 뒤덮을 것이다.

아이들도 그렇다. 있는 그대로의 모습을 인정해주면 자존감이 높아지고, 그 자존감을 토양 삼아 언젠가 잠재력을 활짝 꽃피울 것이다. 학생들 교육에 있어서 가장 경계해야 할 점이 바로 조급함이다. 그리고 어른들이 가지고 있는 성급한 기대와 자기 욕심에 비친 허영심이다. 아이들에 대한 조바심을 버린다면 있는 그대로의 장점이 보일 수 있다. 어른들이 만든 일방적인 잣대를 버리고 아이들 눈으로 따뜻하게 품어 안아주는 것이 무엇보다 중요하다. 모두 소중하고 예쁜 우리 아이들이 아닌가.

분노는 웅크린 마음을 알게 하는 통로이다

중학교에서 과학을 가르치고 있는 김수진 선생님은 잘난 척하는 남학생들에게 유난히 분노를 느낀다고 호소했다. 예를 들어 명진이라는 학생이 시험문제 풀이를 할 때 "선생님! 다른 방법으로 풀어도 되는데요!"라고 말하면 일단 화부터 난다고 했다. 하지만 다른 교사들은 명진이를 한결같이 "공부도 잘하고 무척 적극적인 성실한 학생"이라고 평가했다. 결국 김수진 선생님은 '내 내면에 명진이 같은 태도를 보이는 남자아이들에 대한 선입견이나 왜곡된 신념이 있는 것은 아닌가?' 의심을 하기에 이르렀다.

집에서도 얼핏 다르지만 비슷한 분노를 느꼈던 적이 있다. 신혼부부인 김수진 선생님이 어느 날 퇴근해 집으로 가자마자 주방 형광등이 꺼져버렸다. 그녀는 남편에게 형광등을 갈아 달라고 부탁했다. 남편은 형광등을 교체하고 다가오더니 장난스럽게 말했다.

"수진아, 나 형광등 잘 갈지?"

김수진 선생님은 그 말에 알 수 없는 분노를 느꼈다. 아무 대꾸도 않고 가스레인지 쪽으로 자리를 옮겼는데, 남편이 짓궂게 쫓아오며 다시 말했다.

"수진아, 나 형광등 잘 갈지? 나 없으면 우리 집 암흑이지?"

그때 김수진 선생님의 분노가 폭발하고 말았다.

"세상에 형광등 하나 못 가는 인간도 있어?"

김수진 선생님은 두 살 위 오빠와 세 살 아래 남동생을 둔 삼남매 중 가운데 딸로 성장기를 보냈다. 어린 시절부터 집안의 모든 관심은 오빠에게 쏠렸다. 초등학교 입학식 할 때부터 오빠는 할머니, 할아버지, 고모 등 친지들의 많은 환대를 받았다. 설명절에 할아버지가 오빠에게는 세뱃돈으로 만 원권 지폐를 주었지만 자신에게는 천 원만 주었던 것도 기억했다. 초등학교 시절에 고모가 오빠에게 가방이나 신발을 사주면 그때마다 오빠는 동생에게 자랑하며 약을 올리곤 했다.

고등학교 1학년 때였다. 김수진 선생이 중간고사 준비를 하고 있는데 엄마가 다가와서 말씀하셨다.

"수진아! 오빠가 내년에 대학을 갈 텐데, 우리 집 형편에 너까지 보낼 수는 없으니 너는 공부하지 말고 취업을 해라!"

김수진 선생님은 이를 악물고 공부를 했다. 오빠만 편애하는 부모님과 집안사람들 모두에게 자신도 할 수 있다는 것을 보여주고 싶었다. 집에서 대학 등록금을 마련해주지 못할 것 같아 비교적 학비 부담이 적은 학교를 목표로 공부한 결과 국립사범대학 과학교육과를 졸업했고, 임용시험을 거쳐 중학교 교사로 발령받았다.

김수진 선생님의 알 수 없는 분노의 근원은 무엇일까? 바로

어린 시절부터 받았던 차별과 치유되지 못한 채 무의식에 남아
있던 억울함이 그 원인이다. 명진에게 느꼈던 감정도 실제로 그
아이가 잘난 척을 한 것이 아니라 그녀의 무의식에 감춰져 있던
차별로 인해 거절당한 내면아이가 그런 분노를 불러온 것이라
봐야 한다. 어린 시절 무시당하고 억압받은 사건들에서 느꼈던
분노의 감정이 완전히 꺼지지 않은 불씨처럼 남아 있다가 자신
도 모르게 확 올라온 것이다. 남편에게는 아마도 칭찬받고 싶은
내면아이가 있었을 테고, 김수진 선생님에게는 거절당한 내면
아이가 있었을 것이다. 김수진 선생님이 남편과 일으켰던 갈등
은 그렇듯 두 내면아이가 부딪치며 빚어진 사건이다.

　대부분의 사람은 김수진 선생님과 비슷한, 치유되지 않은 내
면아이로부터 시작된 분노의 감정을 가지고 있다. 이는 지극히
정상적인 감정이며, 삶에서 피할 수 없이 꼭 따라오는 요소이
다. 인생을 살아가면서 분노를 완전히 뿌리 뽑을 수 없는 노릇
이기에 그 분노를 어떻게 다스리느냐가 중요하다.

　김수진 선생님은 상담과 치유를 병행한 끝에 분노의 뿌리가
그 남학생이 아니라 자신의 어린 시절 부모나 가족에게서 받은
차별과 거절에 있음을 인식하게 되었다. 자신의 무의식에 남아
있던 내면아이가 분노를 유발하고 있음을 깨달은 것이다. 그녀
는 꾸준히 치유 과정을 이행했으며 그 결과 이전과 같은 상황에
처했을 때도 한결 여유 있게 치솟는 분노에 대처하게 되었다.

그 뒤로도 학생이나 남편에 대한 수용의 폭이 넓어졌으며 주변 사람들과 관계도 좋아졌다.

분노의 밑바닥에 깔려 있는 어둠

잠깐 내 어린 시절의 이야기로 돌아가 보자. 돌이켜보면 내 할머니야말로 매우 훌륭한 내면치유 교사였다. 일제강점기 시절, 농사를 짓는 족족 일본인 관리들이 수확한 쌀을 수탈해가는 바람에 당시 한국인들은 겨우 굶는 것만 면할 정도로 가난하게 살아야 했다. 꽤나 넓은 토지를 소유하고 농사를 지었던 우리 할아버지 집도 마찬가지였다.

어린 시절, 내 눈에 비친 할아버지는 엄청난 술고래에 한 번 화가 나면 물불을 안 가릴 정도로 무시무시한 분이었다. 어린 나조차 얼마나 할아버지가 무서웠는지 옆으로 가는 것조차 꺼려질 정도였다. 그런데 어느 날 할머니가 할아버지를 두고 이런 말을 했다.

"준원아! 할아버지가 엄청 무서운 것 같지? 호랑이보다 더 무섭지? 근데, 아니야. 사실 알고 보면 겁쟁이야. 세상에 그런 겁쟁이가 없단다."

그때는 할머니가 왜 그런 말씀을 하는 줄 몰랐다. 그 무서운 할아버지를 겁쟁이라고 부르는 이유를. 그러나 내면치유를 공부하면서 새록새록 할머니가 했던 말씀이 떠올랐다. 그러니까 할머니는 할아버지가 가진 분노의 근원을 꿰뚫어보고 계셨던 셈이다. 그 근원에 도사리고 있었던 건 억압당한 자의 공포와 수치심, 징벌에 대한 두려움이었다.

일본인들이 수확한 쌀을 싹싹 쓸어가 버리자 할머니는 꾀를 내어 마룻바닥 아래 항아리를 묻어 쌀을 숨겨놓자고 권유하곤 했다. 그때마다 할아버지는 펄펄 뛰며 할머니에게 화를 냈다.

"누구 잡혀가서 죽는 꼴 보려고 그래!"

할아버지가 정말로 화를 내고 싶은 대상은 바로 일본인이나 친일 관료들이었을 것이다. 그들에게 억압당하면서 생기는 분노, 탄압에 대한 두려움이 꾹꾹 눌려 있다가 가족들에게 터져 나오곤 했던 것이다. 할아버지가 터뜨리곤 하던 분노의 가장 밑바닥에는 자기 가족을 잘 먹이지 못하는 가장의 절망감과 힘이 센 상대에게 굴복하는 데서 오는 깊은 수치심이 자리 잡고 있었을 것이다. 할머니는 누구보다 정확하게 그것을 간파하고 있었던 것이다.

아버지도 다르지 않았다. 아니, 아버지에게 대물림된 내면아이는 상처를 제곱으로 만들었다. 아버지는 새마을 지도자를 하면서 바깥에서는 번듯한 행세를 했지만 집안에선 그저 술꾼이었다. 한국전쟁 때 인민군 포로로 끌려갔던 아버지는 기적적으로 탈출해서 집으로 돌아온 적이 있었다. 하늘이 도왔는지 인민군이 포로를 끌고 갈 때, 우리 마을을 지나갔던 것이다. 마을 지리를 잘 알고 있던 아버지는 한밤중에 개천을 가로지른 다리에서 모래밭으로 뛰어내려 포로 행렬에서 탈출할 수 있었다.

어린 시절, 할아버지의 분노를 보고 자란 데다 당신 자신이 전쟁으로 몇 차례나 죽을 위기를 겪었던 아버지는 아마도 한평생 트라우마를 지니고 살아야 했을 것이다. 어찌 보면 그 시절의 아버지나 어머니 모두 그런 시대적 아픔에서 자유롭지 못했을 게 틀림없다. 게다가 아버지는 할아버지와도 사이가 별로 좋지 않았다. 전쟁 직후 교원자격증을 획득했음에도 할아버지의 반대로 농사꾼으로 남을 수밖에 없었다. 할아버지의 반대를 무릅쓰고 원주시로 이사를 강행한 데는 자식들만은 교육을 시켜서 농사꾼의 가난을 대물림하지 않게 하겠다는 내면의 한이 작용했을 것이다.

아버지의 내면은 그럼에도 평생 치유되지 못했다. 원주시로 나오면서 땅을 팔고 마련한 돈을 단 몇 년 만에 탕진하고 말았다. 당신은 그런 실패의 아픔을 때로는 술로, 가족에게 터뜨리는 분노로 그때그때 표출하고 살았을 뿐이다. 아버지가 터뜨리는 분노의 밑바닥에는 할아버지로부터 대물림된 내면아이가 있었다. 억압과 징벌, 죽음의 두려움과 실패의 아픔 같은 치유되지 못한 상처가 모두 뭉뚱그려지고 더욱 커져서 이따금씩 걷잡을 수 없는 분노로 폭발했던 것이다. 이처럼 사람이 터뜨리는 분노의 가장 밑바닥에는 수치심과 절망감이 자리 잡고 있다.

경청과 진심 어린 사과가 아이를 바꾼다

사람마다 분노를 표출하는 방식은 다르다. 크게 밖으로 터뜨려 표출하는 방식이 있는가 하면 입을 굳게 다물고 분노를 가슴에 담아두는 방식도 있다.

분노를 터뜨리는 사춘기 청소년들에게 긍정적인 영향력을 행사하는 가장 좋은 방법은 바로 '경청'이다. 언젠가 교실 책상을 다 뒤집어엎고 의자를 집어던지며 교실을 쑥대밭으로 만든 채빈이라는 아이가 있었다. 나는 교실 뒤쪽에 앉아 씩씩거리다가 통곡을 하는 아이를 불렀다.

"무슨 일이니?"

처음엔 화가 풀리지 않는지 흐느끼며 한숨만 쉬던 채빈이는 기다리고 있던 내게 하소연을 시작했다. 자신이 담임 선생님에게 얼마나 억울한 일을 당했는지 이야기를 쏟아냈다.

"넌 좋은 의도로 그랬는데 이해받지 못하고 오히려 오해를 받았으니 얼마나 속상했겠니!"

나는 아이의 말을 끝까지 들어주고 억울한 감정에 공감해주었다. 그리고 화장실로 가서 세수도 하고 물도 마시고 오라고 권유했다. 한참 뒤에 돌아온 아이에게 나는 말했다.

"오늘 집에 가서 담임 선생님께 하고 싶은 이야기를 편지글로 써 오거라."

내가 책상과 의자를 정리하자 아이도 따라서 교실을 정리하고 집으로 돌아갔다.

지금 32세가 된 채빈이는 디자인 관련 회사에 취업해 사회인으로 제 꿈을 잘 펼쳐나가고 있다. 언젠가 그때 일을 떠올리며 내게 이렇게 말하기도 했다.

"그때 선생님께서 제 이야기를 들어주지 않으셨다면 저한테 무슨 일이 생겼을지 몰라요."

채빈이만이 아니었다. 이와 비슷한 경험을 여러 차례 겪어본 나는 사춘기 청소년의 분노를 풀 수 있는 가장 효과적인 방법이 경청임을 확신한다. 주먹으로 벽을 치며 분노를 폭발시키거나 유리창을 깨고 소리를 지르는 등 화를 참지 못하는 아이들에겐 함께 화를 내고 강압적으로 훈육하는 게 아니라 왜 그렇게 화가 났는지 경청하는 자세가 가장 좋은 방법이라고 확신한다.

물론 분노를 터뜨리는 아이의 이야기를 경청한다는 건 결코 쉬운 일이 아니다. 대부분은 함께 흥분을 참지 못해 화를 내고 아이와 같은 강도로 분노를 터뜨리기 십상이다. 하지만 그렇게 되면 분노는 더 큰 분노를 낳아서 상황은 악화일로로 치닫고 만다.

사춘기 자녀가 소리를 지르고 분노를 폭발시키는 것은 무언가 억울하게 여기거나 할 말이 있다는 뜻이다. 그럴 때는 침착하게 경청하는 것이 중요하다. 그리고 아이의 마음이 진정되면

'분노클리닉'이나 '내면치유 프로그램'을 통해 꾸준히 상담과 소통을 하려는 노력이 필요하다. 부모나 교사, 또는 청소년을 지도하는 사람들도 내면아이를 치유하고 분노를 잘 다스리는 훈련을 반드시 받아야 한다.

채빈이와 정반대로 분노를 드러내는 경우도 있다. 입에 자물쇠를 채우고 가슴에 담아두는 것인데, 이는 오히려 더 위험할 수 있다. 가슴에 차곡차곡 쌓인 분노는 깊은 원한으로 발전하고 복수심으로 나아가기 때문이다.

"아이가 통 말을 안 해서 답답해 죽겠어요."라고 털어놓는 부모가 있었다. 이럴 경우에는 부모가 '진심 어린 사과'를 하는 일이 가장 우선되어야 한다. 교사와 학생 사이에도 같은 원리가 작용한다. 교사의 실수로 토라진 학생에게 "내가 너에게 사연도 물어보지 않고 너무 심하게 화부터 내서 미안하구나."라고 진심 어린 사과를 하면 의외로 쉽게 말문이 열릴 수 있다.

물론 단 한 번의 사과만으로 관계가 회복되어 부모와 다정하게 대화를 나누길 기대하긴 어렵다. 다만 부모는 꾸준히 기다려주면서 약속을 실천하고 자녀가 좋아하고 관심을 가지고 있는 대상을 통해 사랑을 전달하려고 노력해야 한다. 그러면 자녀도 점차 마음의 문을 열고 다가올 것이다.

진정한 사랑을 위한 '사랑의 기술'

철학자 에리히 프롬(Erich Fromm)은 널리 알려진 《사랑의 기술》에서 사랑은 단지 빠져드는 것이 아니라고 갈파한 바 있다. 그에 의하면 사랑은 훈련하고 연마해야 하는 기술이다. 우리가 음악이나 그림을 배우고, 건축이나 의학, 공학을 배울 때 숙련자들이 기술을 연마하듯 누군가를 사랑하기 위해서도 비슷하게 훈련하고 연마하는 과정을 거쳐야 한다.

"목공 기술을 배우는 자는 나무를 깎는 법부터 배워야 한다. 피아노 연주를 배우는 자는 음계 연습부터 시작해야 한다. 궁술(弓術)의 선적(禪的) 기술을 배우는 자는 호흡에서부터 시작해야 한다. 우리가 어떤 기술에 숙달하려면 삶 전체를 이 기술에 바치거나 적어도 이 기술과 관련시켜야 한다. 자기 자신이 기술 훈련의 도구가 되어야 한다. 사랑의 기술에 대해서 이 말은, 이 기술 분야에서 명장이 되려는 야망을 가진 사람은 누구든지 삶의 모든 국면을 통해 훈련, 정신집중, 인내를 '실행'하는 것으로부터 시작해야 한다는 의미이다."

에리히 프롬에 의하면 사랑이란 감정이나 의지만으로 되는 것이 아니다. 감정과 의지를 지니고 정신을 집중하고 기술을 연마하여 능동적으로 모든 삶을 통해 수행하는 활동이어야 한다.

부모가 자식을 사랑하는 것도, 교사가 학생을 사랑하는 것도 훈련이 필요하고 기술이 필요하지 않을까. 단지 "내가 너를 사랑하기 때문에"라며 감정과 의욕만 앞세울 때, 그 사랑은 오해와 갈등의 씨앗이 되고, 심지어 폭력으로 변질되기도 한다.

'경청'과 '진심 어린 사과'는 부모가 자식을, 교사가 학생을 사랑하기 위해 적극적으로 훈련하고 익혀야 하는 작은 실천이다. 그것은 평생에 걸쳐 능동적으로 연마해나가는 '사랑의 기술'이라 할 것이다.

한두 번 시도만으로 불가능하다고 포기하거나 자녀나 학생을 닦달해서는 안 된다. 대체로 그건 사랑을 가장한 소유욕이거나 집착일 수 있다. 자녀는 부모의 진정성이 느껴지고, 제 이야기에 귀 기울일 준비가 되어 있다고 확신하고 신뢰가 쌓일 때 비로소 서서히 속마음을 털어놓는다. 에리히 프롬의 말처럼 모든 인생에 걸쳐서 수행하는 것이 사랑이라면 차분한 인내심을 갖고 자녀가 다가오기를 기다릴 줄 알아야 한다.

교사는 완성된 것이 아니라
아이들과 함께 성장하는 중이다

Chapter 4

교육정책 디자인연구소에서 주최하는 유튜브 생방송을 진행하러 가던 길이었다. 퇴근길이어서인지 고속도로가 꽉 막혀 차들은 제자리걸음하듯 느릿느릿 움직였다. 이러다 생방송 현장에 늦게 도착하면 어떡하나 걱정하는데, 멀리 진홍빛으로 물들어가는 서녘 하늘이 보였다.

인상파 화가의 강렬한 유화를 떠올리게 하는 풍경을 보는 순간 절로 감탄사가 터졌다. 그날따라 노을이 더욱 붉었던 건 양

떼 같기도 하고 두루마리 같기도 한 구름들이 융단처럼 넓게 펼쳐져 있었기 때문이다. 구름이 없는 쪽은 마치 천상에서 비추는 거대한 조명이 드리운 듯 황금빛으로 환히 빛났다. 자연이 만든 멋진 예술품을 감상하다가 문득 질문 하나를 떠올렸다.

'무엇이 저 구름들을 하늘 저편에 모아놓은 것일까?'

대답은 어렵지 않았다. 해가 지는 서녘 하늘에 구름을 모아놓는 것은 바람일 것이다. 구름은 바람에 의해 모이고, 바람에 의해 흩어진다. 바람은 구름과 합쳐져서 그날처럼 아름답고 평화로운 풍경을 선사하기도 하지만 때론 무섭고 격렬한 폭풍을 몰아오기도 한다.

나는 자연스레 다음 질문을 떠올리지 않을 수 없었다.

'그렇다면 사람들을 저절로 끌어모으게 하는 힘은 무엇일까?'

그러자 머릿속이 복잡해졌다. 학교에 머물던 36년 동안 어렵게 교사가 되고서도 스스로 학교를 떠나는 이들을 숱하게 보았기 때문이다. 때로는 개인 사정으로 떠나기도 했지만 그보다는 교직 현장에서 부딪치는 현실의 완강한 벽과 어려움을 견디지 못하고 떠나는 경우가 훨씬 더 많았음을 모르지 않았다. 나는 고속도로에 멈춘 채 구름처럼 모였다 흩어지는 교사들의 현실을 떠올렸다.

교사들은 왜 학교를 서둘러 떠나는 걸까

2019년 경기도교육연구원에서 경기도 초·중·고등학교 선생님 3,000명을 대상으로 "최근 1년간 교권 침해를 경험한 적이 있는가?"라는 설문조사를 실시한 적이 있다. 놀랍게도 응답자 3명 중 1명꼴로 34.1%인 1,023명이 교권 침해를 경험한 적이 있다고 답했다. 교권 침해를 가장 많이 받았던 대상은 학생으로 45.4%에 이르렀다. 그다음으로 학부모나 보호자가 32.4%였다. 내가 특히 가슴 아팠던 항목은 동료 교사(6.3%)나 교장, 교감(32.4%)에 의한 교권 침해 사례 역시 40%에 육박한다는 사실이었다.

공동체 일원으로 함께 교권 침해에 맞서고 협력해서 어려움을 헤쳐나가야 할 동료 교사나 교감, 교장이 오히려 교사의 교권을 침해한다는 건 그만큼 우리 교육 현실이 척박하다는 방증일 것이다. 교권 침해 유형별로는 폭언이나 욕설이 44.1%로 가장 많았고, 그다음으로 수업 방해가 35.2%였다.

점점 심해지는 교권 침해 사례로 인해 교사들의 마음은 황폐해진 지 오래이다. 학교의 굳건한 주체가 되어야 할 교사가 존중받지 못한다면 과연 그 나라 교육이 제대로 설 수 있을지 심각한 의문이 든다. 어쩌다가 이런 현상이 벌어졌으며, 무엇이 우리의 교육 현장을 이렇게 만들었을까?

우리 모두는 사실 근본적인 원인이 무엇인지 모르지 않고 있다. 오래전부터 수많은 연구자, 지식인들이 우리 교육 현장의 문제점을 줄기차게 지적해왔기 때문이다. 지금부터 30년도 더 전인 1980년대 중반에도 대통령 자문기관인 교육개혁심의위원회에서 지나친 입시 위주 교육이 문제이고, 학벌로 줄 세우기 하는 것이 사회문제라는 연구 결과를 내놓은 바 있다. 그럼에도 지금까지 그런 폐해가 여전히 고쳐지지 않고 있을 뿐이다.

최근에도 나는 지방교육청에 강의하러 갔다가 그런 이야기를 들었다. 그곳에서 어느 고등학교 교장 선생님을 만났는데, 수십 년 전 본인이 고등학교 시절부터 교장이 된 몇 년 전까지도 대학 입시 결과를 플래카드로 광고했다는 것이다. 소위 말하는 상위권 대학교 몇 명, 국립대학교 몇 명, 수도권 대학교 몇 명 입학 같은 입시 결과를 학교 외벽이나 교문에 붙여 홍보했다는 말이었다. 대체로 그 고등학교 3학년 550명 중 150명가량만 명단에 들어갔다고 했다.

그 이야기를 듣는 내내 나는 걱정스러운 마음을 어쩌지 못했다. 이미 학부모가 되어 있는, 수십 년 동안 그 학교를 거쳐 간 플래카드에 이름이 들어가지 못한 나머지 400명 학생들의 자괴감과 수치심은 대체 어찌할 것인가. 550명 중 150명은 행복할지 몰라도 나머지 400명은 불행한 감정을 느끼지 않았을까. 150명만 행복하고 나머지 400명은 불행하다면 그것이 과연 좋은 교육 방식일까. 아니, 단 1명이라도 불행한 감정을 느끼지 않도록 만드는 게 진짜 교육인 게 아닐까.

물론 그 학교만 특별히 그렇게 했던 것은 아니다. 소위 '명문'이라 불리는 전국의 거의 모든 고등학교가 비슷한 형태를 보여왔다. 서울 대치동이나 목동 같은 학원가에선 그런 현상을 더욱 쉽게 발견할 수 있다. 대다수 학원이 세칭 명문대학교에 진학한 학생들의 이름을 적어 넣은 플래카드를 걸어놓고 성과를 대대적으로 홍보한다.

교육 개혁을 외친다 한들 막상 입시 결과 앞에서는 모든 노력이 무용지물이 되어버린다. '입시'라는 블랙홀이 모든 정책을 다 빨아들여버리는 것이다. 부동산 재벌들이 부동산 정책을 은연중 좌지우지하듯이 교육 정책 역시 대기업, 재벌 기업과 명문대학교 출신 엘리트 관료들이 막대한 영향을 끼친다. 우리 사회 전반에는 이미 명문대학교만 졸업하면 인생의 8할은 성공한 것이라는 분위기가 팽배해 있다.

이러한 사회에서 가장 잘 먹히는 것은 '불안마케팅'이다. 어떻게든 내 자식을 명문대 대열에 합류시키기 위한 줄 세우기가 중·고등학교 학생을 자녀로 둔 학부모의 최우선적인 목표가 되는 것이다. 무한경쟁에서 승리하지 못한 대다수 학생은 청소년기와 청년기 내내 수치심과 낮은 자존감에 시달리며 지내야 한다. 교사들은 입시와 줄 세우기에 동원되는 기술자 신세에서 단한 치도 벗어나지 못한다. 입시 결과로만 평가하고 평가받는 교육 현장에서 인권이나 전인교육, 참교육 같은 말은 철없는 소리로 들릴 뿐이다.

교권 침해 사례들은 이와 같은 전 사회적인 병폐가 만들어낸 하나의 병리적 증상이다. 교사들이 교육자로서 보람이나 기쁨을 느끼기엔 현실이 너무도 척박하다. 이런 현실에서 많은 교사가 학교를 스스로 떠나는 건 어찌 보면 당연한 결과일 것이다.

사람을 끌어모으는 힘은 '좋은 관계'에서 출발한다

미국 시카고 시에서는 공립학교들을 대상으로 10년간 조사를 진행한 바 있다. 앤서니 브라이크(Anthony S. Bryk) 연구로 알려진 이 조사의 목적은 성공하는 학교와 실패해서 폐교가 되는 학교들 사이에는 과연 어떠한 차이가 있는지 알아내는 것[1]이었다.

조사 결과를 보면 놀랍게도 성공한 학교와 실패한 학교 사이에는 정책적인 차이가 크지 않았다. 학교 운영에서 중요한 지표로 평가받는 '교사 연수 프로그램', '교육 과정', '학부모 참여', '재정 규모', '행정 시스템'에서는 별반 차이가 나지 않았던 것이다. 물론 '교육 과정' 항목 경우에는 문서상으로만 나타낸 것

---

1 〈좋은 교사〉 2014년 1월호, 파커파머 인터뷰 중에서 내용 발췌.

이기에 현장에서 실제 행해지는 교육 과정과는 다소 차이가 날 수 있다. 그럼에도 중요한 정책이나 제도적인 지표들에서 별반 차이가 나지 않는다는 사실은 시사하는 바가 적지 않다.

결정적인 차이는 다른 데 있었다. 바로 교육 주체들인 학생, 교사, 학부모, 행정가들 사이의 '좋은 관계'가 그것이었다. 성공적인 학교들은 모두 교육 주체가 신뢰를 바탕으로 한 좋은 관계가 유지되고 있었다. 이런 학교에서 교사는 존중받고, 신뢰받는 교육자의 한 사람으로 인정받았다.

그날 저녁, 차들의 흐름이 원활해지면서 나도 늦지 않게 유튜브 생방송에 도착할 수 있었다. 마치 막혔던 도로가 뚫리듯 내 생각의 흐름도 자연스럽게 흘러갔다. 저녁노을을 보고 떠올렸던 두 번째 질문에 대한 대답도 어렵지 않게 도출되었다.

사람을 저절로 끌어모으는 힘, 그것은 좋은 관계이다. 학교에선 학생, 교사, 학부모, 행정가라는 네 주체가 원만한 관계를 가져야만 한다. 공감과 신뢰에 바탕을 둔 좋은 관계야말로 사람들을 끌어모으는 근원적인 힘이고, 그것은 교육 현장의 보루인 학교에서는 진리에 가까운 것이다.

혁신학교의 괜찮은 모델 하우스를 짓는 심정

물론 그래도 의문은 남는다. 학교 현장의 좋은 관계가 입시지상주의라는 오래된

고질병에도 특효약이 될 수 있을까. 그러니까 좋은 관계로 유지되는 학교만 있다면 대한민국의 입시지상주의와 줄 세우기 교육이라는 근본 문제가 치유될 수 있을까. 아마도 그렇지는 않을 것이다. 모든 교육 문제는 사회 문제로 귀결되기 때문이다.

사회 시스템이 근본적으로 변하지 않는 한 어떠한 교육 정책도 힘이 빠질 수밖에 없다. 고등학교 졸업자도, 지방대 출신자도, 비명문 대학교 졸업자도 자신이 잘 하는 분야에서 성실하게 살아가는 한 크게 성공하지는 않더라도 인간답게 살아갈 수 있는 사회가 된다면 입시지상주의 교육의 폐해도 사라질 것이다. 그렇지만 교육자가 수동적으로 기다릴 수만도 없는 노릇이다. 새로운 교육 공동체의 희망을 만드는 것은 우선적으로 현장 교육자들의 몫이기 때문이다.

아파트를 짓기 전에는 모델하우스를 먼저 짓는다. 학교 교육도 마찬가지가 아닐까. 덕양중학교에 취임하고 8년을 보내는 동안 나 역시 혁신학교의 모델하우스를 짓는다는 심정이었다. 대한민국의 병들어가는 교육 시스템 전체를 변화시키겠다는 거대한 욕심을 부리기보다는 "정말 괜찮은 모델 하나 만들어 보자."는 심정이었다. 그래서 학생을 비롯한 교사와 학부모 등에게 대한민국 학교 교육의 희망을 주고 싶었다. 학생과 교사와 학부모와 지역사회가 힘을 합쳐서 따뜻한 공동체를 이룬 새로운 학교 모델을 보여주고 싶었다. 그래서 비관론만 팽배한 한국의 교육 현실에 한줄기 작은 빛이라도 비추고 싶었다.

　교장인 내가 해야 할 가장 중요한 일은 학생, 교사, 학부모가 마음을 열고 리더십을 스스로 발휘하도록 돕는 것이었다. 나부터 권위를 내려놓고 학교 구성원 모두에게 권한을 분산시키는 것이 그 출발점이었다. 말로만 권위적이지 않다고 할 게 아니라 직접 행동으로 보여주는 것이었다. 학생들에게는 자존감을 심어주고, 교사들에게는 자긍심이 살아날 수 있으며 협력할 수 있는 여건을 만들고, 학부모들은 단지 소비자가 아니라 교육 주체의 일원으로 일으켜 세우기 위한 각종 시스템을 만들어야 했다. 그렇게 한 걸음 한 걸음 '좋은 관계'를 만들기 위한 기나긴 여정이 시작됐다.

교사들도 위로가 필요하다

　언젠가 덕양중학교를 취재하러 나온 기자가 '교권'에 대해 던진 질문에 선생님 한 분은 이렇게 대답했다.

　"저는 교권이라는 말을 한동안 잊고 살았어요. 아마도 그것을 떠올릴 만한 상황을 접할 기회가 없어서일 거예요. 학생이나 학부모, 동료 교사나 교장, 교감 선생님 등과 이렇다 할 갈등을 겪었던 적이 없었거든요."

덕양중학교에서는 회복적 생활교육이 도입되고 '더불어 사는 삶을 가꾸는 행복한 배움의 공동체'로 나아간 이후 그 많았던 학교폭력이 현저하게 줄어 거의 없어졌고 교권 침해 사례도 거의 일어나지 않았다.

아프고 상처만 받았던 학생과 교사, 학부모 모두가 서로를 신뢰하고 회복적 교육을 하면서 생긴 결과였다. 물론 덕양중학교가 작은 학교이기에 가능한 부분도 분명히 있다. 덕양중학교에서는 한 과목 선생님이 보통 세 학급 60여 명 정도의 학생들을 지켜본다. 일반 학교에서 한 선생님이 200~300명을 책임지는 것보다 훨씬 적은 수를 책임지는 것이다.

선생님들은 이런 환경을 통해 훨씬 가까운 거리에서 학생들을 지켜보고 지도하면서 개개인의 장점이 무엇이고, 어떻게 변화해 가는지 자세하게 살펴볼 수 있다. 그 학생이 가지고 있는 생각과 의견이 무엇인지 대화를 나누면서 알아갈 수 있는 기회도 훨씬 많다. 교사와 학생이 소통하며 이해하고 함께 배울 수 있는 기회가 만들어지는 것이다.

혼자 아파하는 교사들

언젠가 2년차에 접어든 초등학교 5학년 교사의 안타까운 이야기를 전해 들었다. 그 학교 부장 선생님 말씀에 의하면 그 선생님은 의욕적이고 성격도 쾌활하고 아이들에게 인기가 많았다.

그런데 어느 날 반 아이들 두 명이 서로 치고받고 싸웠다. 병원에 갈 정도로 심각한 상황은 아니었기에 선생님은 두 아이를 중재하고 나서 한 아이의 어머니에게 전화를 걸었다. 원인을 따져 묻고 자꾸만 화를 내는 어머니를 "아이들이 가끔 서로 싸우기도 한다."면서 너무 심각하게 받아들이지 말라고 달랬을 때 그 선생님이 들은 대답은 폭언에 가까운 것이었다.

"당신 아이 아니라고 그렇게 말해도 되는 거야? 당신이 아이 낳아보기나 했어? 공부 잘해봐야 선생밖에 더 돼!"

아이 어머니는 그렇게 쏟아내더니 일방적으로 전화를 끊었다. 교사는 살면서 한 번도 들어본 적 없는 폭언에 심장이 쿵쾅거리는 걸 참으면서 또 다른 어머니에게 전화를 걸었다. 하지만 그 아이 어머니 또한 비슷한 폭언과 일방적인 주장만 쏟아내곤 전화를 끊어버렸다.

그 선생님은 안정적인 가정에서 태어나 어릴 적부터 교사가 되는 걸 꿈꿨다. 교사를 천직이자 자기 인생의 소임으로 여겼는데, 학부모로부터 받게 된 수치심과 절망감에 커다란 충격을 받기에 이르렀다. 집안에서는 임용고시를 우수한 성적으로 합격한 자랑거리였고, 다른 사람들 앞에서도 언제나 당당하기만 했던 그녀였다. 그런 그녀의 자존감과 교사로서의 권위가 한순간 종잇장처럼 찢겨져 버린 것이다. 그 선생님은 그날 이후 학교에 나오지 않았다고 한다.

나는 그 교사의 이야기를 전해 듣는 내내 착잡한 심정을 어쩌지 못했다. 일방적으로 폭언을 퍼부었던 어머니들은 아마도 어린 시절 선생님에게 당했던 내면아이가 갑자기 되살아났던 것이리라. "공부 잘해봐야 교사밖에 더 돼!"라는 말에 담긴 감정이 어머니의 무의식을 엿보게 해주는 단서이기도 하다.

그 어머니가 교사를 바라보는 상(像)은 그리 좋지 않았을 것이다. 학창 시절에 받았던 공부나 가정 형편 등에 따른 불합리한 차별에서 오는 수치심이 치유되지 못한 채 무의식에 쌓여 있다가 자기 자식 문제와 맞닥뜨리자 그만 화산처럼 터져 나왔던 것이다. 그 어머니는 교사가 되고 싶었지만 이런저런 사정으로 좌절했을 수도 있다. 거기서 비롯한 비틀린 감정이 그런 일방적인 폭언으로 표출되었을지도 모른다. 보다 깊은 사연이 무엇이었든 학부모에게 모멸감을 느낄 정도의 폭언을 들은 한 명의 아까운 젊은 교사가 안타깝게 생을 등지고 말았다.

그렇다고 두 어머니에게만 모든 책임을 전가할 수는 없다. 교무실에서 그녀의 사연을 전해 들은 또 다른 선생님들은 대체 무엇을 했던 것일까. 서로 협력하고 조언을 구해야 할 상황에서 그 선생님은 혼자라고 느꼈던 게 틀림없다. 마치 망망대해에 버려진 느낌이었으리라. 적당히 넘어가라고 건성으로 건네는 위로는 오히려 더욱 큰 상처였을 것이다. 그로 인해 자존감이 송두리째 무너지면서 삶 자체에 짙은 회의를 느꼈던 게 아니었을까.

만약 그 문제를 교사들 공동의 문제로 여기고 진심으로 공감해주었다면 어땠을까. 그 선생님은 그런 극단적인 선택을 하지 않았을지도 모른다.

달걀판 달걀처럼 갇혀 있는 교사들

그 선생님의 안타까운 사연은 교사 생활 내내 품었던 해묵은 의문을 다시 떠올리게 했다.

"학교에서 교사들은 왜 서로 힘을 모아 돕는 관계가 되지 못하는가?"

"왜 좀처럼 연대하지 못할까?"

"같은 동료 교사들은 왜 그토록 서로의 문제에 대해 무관심한 것일까?"

미국의 교육학자인 로티(Dan C. Lortie)는 《교직사회》에서 교사들을 달걀판의 달걀에 비유한 바 있다. 달걀판의 달걀들이 모여 있으면서도 하나하나가 벽에 갇혀 있듯이 교사들 역시 교무실이라는 공간에 모여 있지만 각자 보이지 않는 벽에 갇혀 있다는 의미이다. 학교 현장의 모습도 정말 다르지 않다. 교무실에 수십 명의 교사가 앉아 있어도 교사들 사이에 교육적 대화가 오가는 학교는 흔치 않다. 모두 열심히 일하지만 각자의 벽에 갇힌 채 컴퓨터 모니터만 들여다보고 있을 따름이다.

로티는 이처럼 고립된 학교 조직에서 미래의 비전을 보지 못하고 당장 눈앞에 놓인 문제만 보는 '현재주의', 문제 상황에서 임기응변으로 대처하며 새로운 변화에 저항하려는 '보수주의', 자기만의 세계에 갇혀 협력보다는 개인을 앞세우는 '개인주의' 문화가 생긴다고 분석했다.

이는 근대의 공교육 시스템이 낳은 근본적인 문제이기도 하다. 중·고등학교 교사들은 교과별로 임용이 되므로 다른 교과 교육 과정에 대해 제대로 알 기회조차 없다. 교무실에 모여 함께 근무하더라도 저마다 수업 준비와 업무에 바빠서 수업에 대해 이야기 나눌 환경이 조성되지 않는 것이다.

엄기호 선생은《교사도 학교가 두렵다》에서 이러한 교무실 풍경을 '태평양에 떠 있는 섬들'이라 표현했다. 교사도 속내를 털어놓을 대상이 필요하다. 자기가 기댈 수 있는 언덕과 조금은 편안하게 내면을 드러내는 관계와 공간이 필요하다. 교사가 겪는 문제들을 해결하기 위해서는 동료 교사에게 의지하는 게 가장 좋은 방법이지만 현실은 그렇지 못하다. 그러다 보니 교사들은 학교라는 공간이 외롭다 못해 두려울 지경이 되고 말았다.

'신뢰'와 '협력'의 문화가 교사들의 고립을 막는다

오늘날 학교에서 교사들이 서로에게 무심한 존재, 자기가 담당한 과목의 벽에만 갇혀 있는 존재라면 서로 협력하는 길은 요원해 보이기만 한다. 그런데 달리 생각해보면 공교육 교사는 '공적인 존재'이다. '나의 수업'은 나만의 수업이 아니라 사회 공동체의 미래에 영향을 미치는 수업이고, 우리 반 학생들은 나만의 학생들이 아니라 사회 공동체 모두의 학생들이다.

공교육 교사는 자신의 교육 활동 결과에 따라 그 사회의 미래가 좌우될 수 있는 막중한 책임을 지고 있는 사람이다. 국가에서 그들에게 급여와 연금을 주는 것도 그래서이다. 게다가 교사가 매일 대하는 사람은 나이가 아직은 어리고 연약한 아이들이다. 어린 학생들의 말 한마디, 학부모의 말 한마디에 교사도 얼마든지 상처받을 수 있다. 교사들에게도 치유가 필요한 결정적인 까닭이기도 하다.

교사들은 공적인 책임감을 부여받았지만 그들이 처한 환경은 단절적이고 개인주의적이라는 모순된 상황에 처해 있다. 이와 같은 모순을 해결한답시고 한동안 잘못된 처방이 내려지기도 했다. 바로 신자유주의적인 경쟁만능주의 정책이 그것이다. 신자유주의에 경도된 교육 행정가들은 한편으로는 공교육에 대한 불신을 조장하면서 다른 한편으로는 교원능력개발평가, 교원성과급제도 등을 도입해서 교사들을 경쟁만능으로 몰아갔다. 이는 소위 유능한 교사에게는 인센티브를 주고 무능한 교사에게는 페널티를 주는 방식인데, 이런 제도가 10년 넘게 시행되고 있지만 교사의 전문성을 신장시켰다는 증거는 그 어디에도 없다.

그 이유는 너무도 명확하다. 어떤 사람이 자기가 행하는 일 자체에 보람을 느껴 스스로 열심히 하고 있다고 가정해보자. 그런데 어느 날 직장에서 그 일에 성과를 매기고 그에 따라 보상을 주겠다고 한다. 그러자 그 사람은 일에 대한 보람을 잃어버리고 만다. 일을 열심히 하고 싶어도 보상을 바라기 때문이라는 오해를 받을 수 있기 때문이다. 결국 일에 대한 보람도 사라지고 인센티브 제도가 의도한 목표도 달성하지 못한다. 이것을 심리학에서는 '과잉정당화 이론'이라고 한다.

교사는 이윤을 목적으로 하는 기업체 직원과 다르며 달라야 한다. 교사의 성과를 수치로 확인하는 것은 애초에 불가능하다. 학교는 학생의 성장을 목적으로 하는 곳이고, 학생의 성장은 눈에 보이지 않게 조금씩 이루어지기 마련이다. 교사는 그렇듯 학생의 성장이라는 보람을 먹고 사는 존재이다. 교사들에게 성과급이라는 잣대를 들이대는 자체가 교사의 자존감을 훼손하는 일이다.

최고의 교육 선진국으로 인정받고 있는 핀란드 교육의 핵심은 '신뢰'와 '협력'이다. 교사들은 최고의 전문가로 사회적 신뢰를 받고 있으며, 자신의 전문성을 신장하기 위해 끊임없이 연구하고 협력적으로 일하고 있다. 교직사회의 현재주의, 보수주의, 개인주의를 없애고 단절을 극복하는 비결도 교사를 믿고 서로 협력할 수 있는 여건을 만들어주는 것이어야 한다. 서로를 경쟁으로 몰아가는 신자유주의적인 방식으로는 결코 교사의 잠재력을 키울 수 없다. 더디게 보이더라도 교사들이 서로 협력하며 자신의 잠재력을 키울 수 있는 여건을 마련하는 것 이외의 방법은 없다.

교사의 내면을 치유하는 교사공동체

교사들이 서로 신뢰를 회복하고, 협력의 문화를 만들기 이전에 교사의 내면을 먼저 들여다볼 필요가 있다. 교사들 각자의 내면에는 고립된 내면아이가 하나씩 들어 있기 때문이다. 교사들은 대학입시나 임용고시 등을 통해 엄청난 경쟁에서 승리한 사람들이다. 그들 또한 경쟁 질서와 고립된 학교 문화에 끊임없이 상처를 받아왔다.

언젠가 사교육이 치열하고 학부모의 영향력이 큰 어느 지역의 신규 교사가 스스로 목숨을 끊는 사고가 있었다. 평상시 아주 발랄하고 수업도 잘하고 인기도 많은 교사였는데, 시험 문제 하나 잘못 출제했다는 이유로 학부모들로부터 엄청난 민원에 시달린 게 결정적 원인이었다. 그는 한 번도 겪어보지 못했던 모욕과 수치심을 못 이긴 데다 하소연을 들어줄 동료 교사 하나 없어 극단적인 선택을 할 수밖에 없었다.

교사도 끊임없는 상처에 시달린다. 수업권을 무시하고 권위적인 자세로 명령하는 교장이나 터무니없는 민원을 제기하는 학부모들에게 수시로 상처를 받는다. 서로 마음이 맞지 않고 고충을 들어주려 하지 않는 동료 교사에게도 상처를 받는다. 하지만 이보다 더 큰 상처는 바로 학생에게 받는다. 교사의 가장 큰 존재 이유가 학생이기 때문이다. 학생들이 남긴 상처는 교사의 가슴에 오랫동안 흉터로 새겨지는 경우가 많다. 교사가 무심코 던진 말이나 행동, 충고가 학생에게 의도치 않은 상처를 남기듯이 학생이 던진 말 한마디가 교사에게 되돌릴 수 없는 상처를 준다.

교사공동체가 필요한 것도 그래서이다. 교사공동체 모임을 통해 서로의 삶을 개방하고 나누면서 서로를 좀 더 깊이 이해할 필요가 있다. 아이들을 만나고 수업을 진행하면서 겪었던 아픔을 듣고, 서로 위로하는 시간을 가져야 한다. 업무 추진 과정에서 서로에게 미쳤던 영향들에 대해 이야기하고 자발적인 사과와 용서, 화해를 이뤄내야 한다.

덕양중학교에서는 교직원 연수를 서클 방식으로 진행한다. 서로 둥글게 둘러앉아 허심탄회하게 이야기를 나누는 모임 방식인데, 이러한 연수가 지속적으로 진행되면서 많은 변화가 일어났다. 처음엔 어려움도 있었지만 교사들의 내면을 치유하는 훈련도 함께 해나가기 시작했다. 학생들의 삶을 이해하기 위한 '애니어그램을 통한 학생 이해', '교사 역할 훈련', '셀프파워 인간관계 훈련' 연수 등을 진행했다.

연수 횟수가 늘어나고 심도가 깊어지면서 예상하지 못했던 일들이 벌어졌다. 교사들이 펑펑 울기 시작했고, 서로를 끌어안으며 다독이는 모습도 많이 보였다. 각자의 벽에 갇혀 꼭꼭 숨기기 급급했던 내면을 드러내면서 벌어지는 예기치 못한 일이었다. 교사들 각자는 자기의 아픔을 내려놓으면서 그것을 수용해주고 지지해주는 동료의 든든함을 느꼈으며, 서로를 존중해주는 공동체의 힘과 환대받는 문화의 중요성을 조금씩 깨달았다. 교사공동체가 활성화되자 자기 수업만 하고, 업무만 하면 끝이었던 공간이 서로의 마음을 위로하고 지지하는 생활공동체로 거듭났다. 더불어 교사들은 학생들을 보다 넉넉하게 품을 수 있는 자생력을 기를 수 있었다.

달걀판 교무실에서 열린 공동체의 공간으로

학교 혁신은 교무실의 변화로부터 출발한다. 교무실은 언제든 서로서로 어려움을 토로하고 도움을 요청하는 공간이어야 한다. 덕양중학교에서 내가 시도한 변화도 그런 것이었다. 나부터 교장실을 개방해 언제나 누구든 마음껏 드나들도록 했다. 쉬는 시간마다 학생들이 들어와 앉아서 대화하고 악기를 연주하고 쉬는 공간으로 만들었다. 더불어 교장도 수시로 교무실로 드나들고, 점차 그걸 불편해하는 교사도 없어졌다.

교무실에서는 정기적인 교직원 회의보다 일상적인 회의가 잦아졌다. 예전에는 조용히 자신의 모니터만 들여다보던 교사들이 수시로 이야기를 나누었다. 서로 차를 마시면서 이야기를 나누면 그것이 곧 학년 협의, 교과 협의가 되었다. 전체 교사가 긴급하게 이야기해야 할 안건이 있어도 굳이 교직원 회의를 소집할 필요가 없었다. 교무실로 피자 다섯 판만 배달시키면 그만이었다. 교무실에서 함께 피자를 먹으며 이야기를 나누면 그것이 곧 교직원 회의가 되었다.

이런 문화에 거부감을 느끼는 교사들도 없지는 않았다. 덕양중학교로 갓 부임한 여자 선생님이 있었다. 그 선생님은 밖에서만 듣던 덕양중학교의 분위기가 몹시 부담스러운 듯했다. 교장과 교감을 비롯한 모든 선생님이 모여서 그 선생님의 히스토리를 들으며 환영하는 시간이었는데, 그분이 느닷없이 말했다.

"사실 저는 혁신학교가 어떤 곳인지도 모르고 왔어요. 저한테는 여섯 살 아들과 세 살 딸아이가 있어서 밤늦게까지 일할 수가 없습니다. 담임을 맡기도 어려워 솔직히 지금은 휴직을 고려하고 있습니다."

그 순간 나도 그랬지만 교감 선생님은 더 난감한 표정이었다. 휴직할 거면 미리 이야기하지 왜 이제 와서 모두를 곤란하게 하나, 뭐 그런 표정이었다. 덕양중학교는 모든 교사들이 밤늦게까지 일한다는 것도 잘못 전달된 정보였다. 나는 선생님들의 업무를 줄여주기 위해 2014년 11월 자체평가를 거쳐서 방과 후 프로그램을 하지 않겠다고 선언한 바 있었다. 교사들은 수업 이외에는 최대한 부담을 갖지 않도록 배려한 것이었다. 그 이듬해부터 '방과 후 학교'는 학부모가 주도해서 운영했고, 매주 목요일 열리는 '이슬비 사랑 학부모 교실' 역시 나 이외에 다른 선생님들은 학교에 남지 않도록 했다. 교무실에서는 누구든 눈치 보지 않고 퇴근할 수 있는 분위기였다. 나로선 어떻게 오해를 풀어야 하나, 고심하고 있던 찰나였다.

학생부장 선생님이 대신 말을 꺼냈다.

"저 선생님은 육아가 더 중요하니까 담임은 맡지 않도록 하는 게 맞겠네요."

"그럼 담임은 누가 맞나요?"

교감 선생님이 되묻자 학생부장 선생님은 자신이 담임까지 맡겠다고 했다.

"그렇잖아도 학생부장 일이 넘치는데 담임까지 맡을 수 있겠어요?"

이번에는 내가 걱정이 돼서 되묻지 않을 수 없었다. 하지만 다른 방법이 없었다. 새로 부임한 선생님에게는 정말 육아가 중요했기 때문이다.

그해 학생부장 선생님은 담임까지 맡으면서 1인2역을 훌륭하게 수행해냈다. 그 바람에 선생님 본인은 자칫 순직할 뻔했지만 대신 놀라운 변화가 일어났다. 새로 부임한 선생님이 이듬해에는 담임도 맡고 다른 직책도 솔선해서 맡는 등 학교 일에 발 벗고 나선 것이다. 그 선생님은 시골에 살던 친정 부모님을 집 근처로 모셔와 육아를 대신하게 했다.

선생님의 마음을 움직이고 변화를 일으킨 건 바로 자신의 삶을 있는 그대로 인정해주고, 생활의 가치를 알아주는 덕양중학교의 문화였다. 자기 스스로 두껍게 쳐놓았던 벽이 무너지면서 이전에는 몰랐던 학교 공동체의 소중함과 따뜻함을 깨달았던 것이다. 그 일을 계기로 그 선생님은 보다 성숙한 교사로 거듭났다. 이처럼 교사 역시 완성된 게 아니라 학생과 함께 그리고 다른 교사들과 함께 계속 성장하는 중임을 간과해서는 안 된다.

학교의 일이 아닌 공동체 모두의 일

《도덕적 리더십》의 서지오바니(Thomas J. Sergiovanni)는 '도덕적 학교'에서는 교사들이 일 자체에 '몰입(flow)'한다고 말한다. 학교가 지향해야 할 공동의 가치를 공유하고, 협력적인 문화 속에서 함께 전문성을 신장하고, 서로의 내면을 솔직히 드러내놓고 지지하는 공동체 속에서는 교사들이 일 자체에 몰입하게 된다. 누군가 새로운 아이디어를 내면 그것이 공동의 아이디어로 채택되므로 일을 떠넘기는 건 있을 수 없다. 누가 먼저라 할 것 없이 모두 솔선수범하는 모습을 보인다. 학교 일을 수업 이외의 잡무가 아닌 '보람 있는 일'로 여기기 때문이다.

덕양중학교에서도 그랬다. 많은 분이 의아하게 여기겠지만 업무분장이라는 개념이 필요하지 않았다. 학교의 일이 나와 상관없는 일이 아니라 공동체 모두의 일이었다. 바쁠 때는 선생님이 학교 시설 담당관을 데리고 다니면서 직접 커튼을 달기도 했고, 행사를 준비할 때도 자기 일을 먼저 끝내면 다른 사람들이 맡은 일을 함께했다.

공개수업을 할 때도 서로에게 미루지 않았고, 오히려 서로 먼저 하겠다고 나섰다. 보통은 새로 온 선생님들에게 하기 싫은 일, 귀찮은 일들을 떠넘기는 게 예사지만 그런 일은 일어나지 않았다. 힘들고 어려운 일일수록 서로 자진해서 맡으려는 분위기가 하나의 문화로 정착되었다.

서지오바니는 교사들이 얼마나 일 자체에 몰입하고 있는지를 측정하는 설문문항을 제시하기도 했다.

"우리 학교 교사들은 새로운 아이디어와 가능성을 탐구한다." "우리학교 교사들은 재능을 자유롭고 충분히 발휘한다." "우리학교 교사들은 업무에서 다양성과 도전을 경험한다." ……"우리 학교 교사들은 자신을 외부의 조정을 받는 사람이 아니라, 자기 행동의 주체로 인식한다."에 이르는 15개 항목이다. 이 척도에서 평균 3.0 이상이 나오면 일 자체에 대한 몰입이 이루어진 학교로 보았다.

덕양중학교 교사들에게도 똑같이 적용해 '몰입도'를 측정해보았더니 평균 3.81이라는 수치가 나왔다. 서지오바니의 측정에 따른다면 덕양중학교 교사들은 교육 활동 자체에 보람을 찾고 몰입하고 있다고 볼 수 있다. 그런 성과의 바탕에는 무엇보다 교사공동체가 있었다.

시카고 대학교 심리학과와 교육학과 교수로 재직했던 칙센트미하이(Mihaly Csikszentmihalyi)는 《몰입》에서 "어떤 활동에 대한 경험 자체가 너무 소중해 다른 대가를 치르고서라도 그것을 행하려는 상태"라고 '몰입'을 정의했다. 교육이 살아나려면 교사들이 이런 몰입을 경험해야만 한다. 수업 준비하는 시간이, 학습공동체 모임 활동이, 학생들 하나하나의 눈동자를 마주보는 그 시간이 소중해서 기꺼이 다른 것을 포기할 정도여야 한다.

학교 교육이 살아나기 위해서는 최우선적으로 교사가 살아나야 한다. 그 변화는 교무실에서부터 시작해야 한다. 교사가 살아나려면 그들의 남모르는 고립감과 아픔부터 치유해야 한다. 교사들이 자기 일에 보람을 느끼는 순간 학교 혁신의 씨앗은 뿌려질 것이다.

교사들을 서로 의심하고 질시하게 하는 무한경쟁으로 내몰고, 책임과 의무만 강요할 게 아니라 신뢰하고 기다려주어야 한다. 교사들이 교육의 가치를 함께 공유하고, 자발적인 자세를 되찾는 순간 교육 공동체의 꿈은 되살아날 것이다.

부모의 내면아이는
자녀와 동급생이다

Chapter 5

　언젠가부터 '헬리콥터 맘'이라는 신조어가 생겼다. 알다시피 자녀의 머리 위를 뱅뱅 맴돌면서 일거수일투족을 모두 챙겨주는 엄마를 빗대어 이르는 말이다. 비단 중·고등학생 자녀를 둔 부모에게만 해당하는 말은 아닌 것 같다. 요즘엔 대학생 자녀를 위해 수강신청부터 학점 관리에 이르기까지 일일이 다 챙겨주는 부모도 있다. 학점이 잘 나오지 않으면 교수에게 전화와 메일로 항의하는 부모들은 그나마 애교로 봐줄 정도이다. 심지어

군대 인사계에 전화를 걸어서 입대한 아들의 훈련 강도와 건강 상태를 체크하고 훈련을 따라다니면서 음식을 챙겨주는 부모도 있다.

그에 반발했던 것인지 '인공위성 맘'이라는 신조어도 생겼다. '헬리콥터 맘'처럼 모든 것을 챙겨주며 간섭하지 말고 마치 지구 대기권 위에 떠도는 인공위성처럼 멀리서 지켜보며 자녀에게 도움을 주자는 의미인 것 같다. 그러나 '인공위성 맘' 역시 정도와 방법만 나아졌을 뿐 자녀를 독립적이고 주체적인 자아로 인정하지 않는다는 느낌이 든다. 물론 동물의 세계에서도 새끼의 목숨을 구하기 위해 자기 목숨을 던지는 어미들의 모성애를 발견하는 건 흔한 일이다.

부모가 자녀의 성공을 위해 헌신적으로 뒷바라지하는 것은 당연하고 자연스러운 일이다. 그럼에도 뭐든지 과하면 부족한 것보다 못한 법인데, 현재 한국 사회에서 부모의 자녀 사랑이 도를 넘은 것 같아 우려스럽다. 어느 드라마에서는 "이제 치맛바람 시대를 지나 바짓바람 시대가 온 것이로군요."라며 아버지들까지 발 벗고 나서는 세태를 우스꽝스럽게 풍자한다.

한국의 교육열은 얼핏 자녀에 대한 극진한 사랑과 헌신으로 비치기도 한다. 그러나 과연 그것이 진정한 사랑과 헌신인 것일까. 조금만 자세히 들여다보면 어딘가 결이 다르다는 것을 눈치챌 수 있다.

부모는 왜 자신을 닮은 아이를 두려워하나

자녀의 사소한 일상까지 모두 챙기려 드는 부모는 감정적으로 자녀와 분리되지 못한 경우가 많다. 그러나 아무리 챙기고 보살핀다고 해도 자녀는 언젠가 독립하기 마련이다. 설사 자녀와 부모가 한집에서 같이 산다고 해도 정신적으로 여전히 모든 것을 함께할 거라는 보장은 없다. 나아가 부모가 그려놓은 밑그림과 전혀 다른 삶을 살아가지 말란 법도 없다. 그런데 때때로 부모들은 그런 자식에게 배신감을 느낀다.

"내가 너를 어떻게 키웠는데!"

"다 너 잘되라고 하는 말인데 어쩌면 그렇게 내 마음을 몰라주니!"

자녀가 자신의 말을 거스르고, 자기주장을 펼치거나 전혀 다른 결정을 내리려 할 때 부모가 가장 많이 내뱉는 레퍼토리들이다.

한국의 많은 부모는 자녀를 통해 자기 자신의 채우지 못한 욕망을 대리 만족하려 한다. 부모 역시 성장 과정에서 입은 상처로부터 자유로워지지 못했기 때문이다. 성장 과정에서 받은 상처가 치유되지 못한 채 움츠리고 있다가 아이의 성장과 함께 깨어나는 것이다. 자녀를 독립적인 인격체가 아닌 내 일부이거나 소유물로 착각하기도 한다.

자녀는 부모 뜻대로 움직이는 로봇일 수 없다. 어느 날 훌쩍 자란 자녀가 자기 의견을 말하거나 반대 의견을 말할 때 부모는 당황하고 만다. 아이의 다른 의견, 거친 행동이 무의식에 잠들어 있던 상처를 깨운 것이다. 아이는 단지 미성숙한 태도로 자기 의견을 말하는 것뿐인데, 그것을 반항과 거절, 부모에 대한 무시로 부풀려 해석한다. 그래서 나오는 분노의 반응이 "내가 너를 어떻게 키웠는데!"라는 말이다.

그렇게 과잉반응을 보일 때 부모는 또 다른 아이가 된다. 내부에 꼭꼭 숨어 있던 내면아이의 지배를 받는 것이다. 그렇기에 부모와 자녀의 대립은 곧 부모의 내면아이와 자녀, 두 아이의 대립인 셈이다.

성호에겐 무슨 일이 일어났던 것일까?

고등학교 2학년인 성호는 2학년 중간고사에서 전교 470명 중 465등을 했다. 놀라운 것은 1학년 때까지만 해도 학급에서 2, 3등을 했고 전교에서도 항상 30등 안에 들 만큼 공부도 잘하고 착한 학생이었다는 사실이다. 그러던 성호가 어느 날부터 엄마에게 대들며 "당신이 좋아하는 건 안 할 거야!"라고 소리를 지르기 시작했다. 학원도 안 가고, 집에 오면 컴퓨터 게임만 하고, 아침 늦게 일어나 엄마의 속을 태울 대로 태우다 억지로 학교에 가는 아이로 돌변했다.

그러다가 2학년 올라가서 치른 첫 시험인 중간고사에서 최하위권 성적이 나온 것이다. 대체 성호에겐 무슨 일이 일어났던 것일까?

곧 쓰러질 것처럼 사색이 되어 찾아온 엄마의 이야기를 들어봤다.

성호는 중학교 때도 공부를 아주 잘하는 편이었다. 학교와 학원만 오가는 착한 아들이었다. 부모님께 함부로 말을 하거나 버릇없이 대들지도 않았다. 시험 기간이 다가오면 학교에서 돌아오자마자 학원으로 가서 밤 10시가 넘어 돌아왔는데, 그때마다 엄마는 간식으로 과일을 챙겨주며 말했다.

"아들아! 이번엔 전교 일등 한번 해보자!"

"조금만 더 하면 일등 할 수 있을 거야!"

성호는 조용히 자기 방에 들어가 밤 12시가 넘도록 열심히 시험공부를 해서 바라보는 것만으로도 마음을 뿌듯하게 해주었다. 그렇게 열심히 노력한 결과 성호는 비평준화 지역에서 공부를 잘하는 아이들만 갈 수 있다는, 입시 명문으로 소문난 고등학교에 입학했다.

이번에는 성호를 만나 이야기를 들어보았다. 왜 엄마에게 화가 났는지 묻는 말에 간단한 대답이 돌아왔다. 성적에 대한 엄마의 욕심이 끝이 없기 때문이란다. 중학교 때도 가슴이 답답했지만 꾹 참고 공부해서 부모님이 원하는 고등학교에 입학했다.

그런데 고등학교에서도 그 욕심을 다 채워주려면 죽을 것 같다는 생각이 들었다. 처음 본 시험에서 전교 30등을 했는데 그것도 정말 죽을힘을 다해 이룬 결과였다.

공부를 잘하는 아이들만 모인 곳이어서 부담감은 몇 배로 늘었고, 그래서 시험기간이 다가올수록 심장이 두근거리고 가슴이 답답해지는 증상마저 생겼다. 이런 성호의 숨통을 나름 트이게 해준 곳이 바로 축구 동아리였다. 성호는 공을 차며 공부 스트레스를 조금이나마 풀 수 있었다. 그런데 2학년 1학기 중간고사 시험이 다가오던 어느 날, 성호 엄마가 다른 학생 엄마 다섯 명과 함께 교장실에 찾아가 거세게 항의를 했다.

"이 학교가 체육 고등학교예요! 왜 이렇게 스포츠 동아리가 많아요! 빨리 없애주세요!"

그 일이 있고 나서 얼마 뒤 축구 동아리 친구가 말했다.

"네 엄마가 교장 찾아가 난리를 피워 우리 축구, 농구 동아리 다 없어질 수도 있단다."

여러 친구에게 이런 이야기를 들어 화가 잔뜩 나 있는 와중에 어느 날 방과 후 축구를 하는데 성호 엄마가 오더니 동아리 친구들 보는 앞에서 큰소리로 말했다.

"학원 갈 시간이니 축구 그만해라. 그놈의 축구 때문에……. 축구가 대학 보내주니? 그만하고 빨리 학원 가라니까!"

그날 성호도 소리를 지르고 말았다.

"당신이 좋아하는 공부! 난 안 할 거야! 당신이 좋아하는 건 이제부터 절대로 안 해!"

그날 이후 성호는 집에 가서도 엄마와 말도 섞지 않고 게임만 했다. 중간고사에서는 일부러 틀린 답만 골라서 찍었다. 성적이 잘 나오면 엄마가 좋아할 것 같아서였다. 성호는 말을 하는 내내 엄마를 '그 인간'이라고 칭했다.

성호는 지금까지 크게 야단맞은 적 없이 이른바 '범생이'로만 자랐다. 그렇다고 제대로 된 칭찬을 받은 적도 없이 그저 '전교 일등' 소리만 귀에 못이 박히도록 들으면서 자랐다. 명절 때 친척들이 모인 자리에서도, 동네 학부모들이 모인 자리에서도 "우리 성호는 ○○고에서 전교 일등 할 거야!"라고 자랑을 해대서 너무 부담스럽고 가슴이 답답했다.

성호가 받은 압박감과 부담감이 어땠을지 상상이 가지 않는가. 입시 결과와 대학 간판이 성공의 중요한 잣대로 작용하는 사회에서 성호 어머니 같은 태도는 당연한 것으로 정당화되기도 한다. 당장은 아이가 힘들더라도 나중에 행복해질 수 있으리라는 기대감으로 부모들은 자녀들을 점점 더 공부하는 기계로 몰아간다.

언론이나 매스컴은 성공 사례를 더 많이 퍼뜨려 부모들의 욕망을 부추기는 측면이 있다. 그러나 이런 사회적 분위기는 소수의 승리자와 다수의 패배자를 만들어낼 뿐이다. 성적 지상주의가 교육의 지배 이데올로기로 변질되면서 학교와 아이들의 다른 모습은 묻혀버리고 만다. 아이가 공부를 하고 자라면서 마땅히 누려야 할 행복감, 창의적이고 개성을 존중받는 교육 등이 모두 허울만 남는다. 아이들은 점점 더 중압감과 수치심에 빠져들고, 결국 극단적인 행동으로 치닫는 아이들도 늘어나고 있다.

자식 교육에 '올인'하는 부모의 내면아이

학부모들이 특히나 자녀의 성적과 대학 진학에 강박적일 정도로 집착하는 이유는 무엇일까.

물론 자녀를 위한 순수한 마음이 가장 클 것이다. 많이 달라졌다고는 해도 여전히 학벌이 성공의 중요한 잣대가 되는 사회에서 부모는 능력만 된다면 자녀의 대학입시에 '올인'할 수밖에 없다. 자신의 부와 권력을 세습하려는 이기적인 욕망도 한몫할 것이다. 하지만 가만히 들여다보면 그런 모든 욕망 속에 숨겨져 있는 건 불안에 떠는 내면아이인 경우가 많다.

부모도 언젠가는 아이였고 청소년이었다. 그들 또한 성장기에 끊임없이 공부와 성적으로 남과 비교당한 경험이 있는 것이다. 그 부모의 부모들은 어땠을까. 마찬가지였다. 그들 역시 성공과 출세를 위해 자식 교육에 모든 것을 쏟아붓곤 했는데, 그것이 바로 대한민국의 생생한 역사이기도 하다. 너나없이 가난하고 어려웠던 시절, 자식 중 누군가 공부를 잘하고 좋은 대학교를 나와 출세하는 것만이 집안 전체의 가난을 벗어나게 해주는 유일한 길이었기 때문이다.

소설가 박완서의 〈엄마의 말뚝 1〉은 해방 전 서울로 온 개성 출신의 엄마와 아들, 딸이 서울에 뿌리내리는 이야기가 전개된다. 엄마는 어린 딸을 신여성으로 키우기 위해 서울로 왔지만 사대문 바깥의 허름한 판자촌에 머무를 수밖에 없었다. 실망해서 "기껏 여기가 서울이야?"라고 묻는 어린 딸에게 엄마는 말한다.

"여긴 서울에서도 문밖이란다. 서울이랄 것도 없지 뭐. 느이 오래비 성공할 때까지만 여기서 고생하면 우리도 여봐란 듯이 문안에 들어가 살 수 있을 거야. 알았지."

그러니까 사대문 안으로 들어가기 위한, 그리고 신여성이 되기 위한 가장 중요하고도 유일한 길은 가족 중 장남인 주인공의 오빠가 공부를 잘해 출세하는 것이었다. '신여성'이니 '해방 전'이니 '사대문'이니 하는 말들이 나오니까 어쩐지 까마득한 옛날이야기 같다. 하지만 내용은 21세기도 한참이 지난 오늘날과 별반 다르지 않은 것 같다. '신여성'이 '전문직'이나 '중산층'으로 바뀌고, '사대문'이 '강남'이나 '신흥부촌'으로 바뀌었을 뿐이다.

지금도 공부를 잘하면 좋은 대학교에 진학할 수 있고, 좋은 대학교에 진학하면 취업에서 유리한 고지에 설 수 있다. 각종 공

채 시험에서도 같이 공부 잘해서 모인 학생들과 질적으로 차원이 다른 정보를 교환하고 선의의 경쟁을 펼치며 합격률을 훨씬 높일 수 있다. 그렇게 몇십 년이 지나다 보니 직장이나 고위 공직자들 사이에도 자연스레 '학벌'이 형성해 은연중 서로 '밀어주고 끌어주는' 것이 관례처럼 굳어져 있다. 그 모든 조건이 결국 '전문직'과 '중산층'과 '신흥부촌'으로 연결되는 지름길인 셈이다. 그 대열의 끝자락에라도 합류하지 못하면 평생을 불안한 생활과 사회적 약자로 수치심을 억누르며 살아갈 확률이 높은 게 현실이다.

이런 사회 환경에서 부모들은 어린 시절부터 끊임없이 성적 경쟁에 내몰렸던 경험을 갖고 있다. 개중에는 공부를 잘하지 못해서 주변 사람들에게 인정받지 못했던 상처를 지닌 이도 많다. 그런 부모는 자신의 상처를 자녀에게 전이하는 경우가 많다. 부모 내면의 고립되고 방치된 자아가 자녀의 독립성을 인정하지 못하고 지나치게 자녀에게 집착하게 만드는 것이다. 성적이 나빠서 어른들에게 인정받지 못했던 부모는 살아오면서 주변 사람들의 인정을 받기 위해 갖은 애를 다 쓰며 살았을 것이다. 그리고 자녀에게서 자신의 어린 시절을 언뜻언뜻 발견하는 순간 그 부모의 내면아이는 꿈틀거리면서 깨어나 분노를 터뜨린다. 아이마저 자신처럼 인정받지 못할까 봐 두렵고 불안해 못 견디는 것이다.

사랑하지만 떠나보내야 하는 '또 다른 나'

부모는 자녀에게서 자신의 내면아이를 발견한다. 자녀에게서 또 다른 '나'를 보는 것이다. 자녀는 단지 '나'를 닮은 타자가 아니라 '또 다른 나'이다. 문제는 '또 다른 나'를 '그냥 나'로 착각하는 데서 온다. '또 다른 나'는 '나'이면서 또한 타자이다. '또 다른 나'인 자녀에게 부모는 끊임없는 애정을 느끼지만 또한 '타자'라는 데서 오는 쓸쓸함을 감수해야 한다.

아이가 어렸을 때 부모는 자녀를 자주 껴안는다. 특히 엄마는 자녀를 껴안고 살아가며 기른다. 그렇게 껴안고 기르던 아이가 아장아장 걸음마를 떼고 점점 더 자기만의 방으로 들어간다. 어느 날 부모는 어린 시절의 아이가 아닌 전혀 다른 누군가를 보게 된다. 그때 엄마는 아이를 보고 당황한다. 어쩌면 엄마는 아이를 껴안던 시절을 그리워할 수도 있다.

"나는 껴안음의 진정한 의미를 이해하기 시작한다. 우리는 껴안아지기 위해 껴안는다. 우리는 미래의 팔에 껴안아지도록, 우리들 자신을 죽음을 초월한 곳으로 보내기 위해, 그런 곳으로 보내지도록, 우리의 자식들을 껴안는다. …… 그 껴안음의 비밀스러운 의미는, 그 의미를 우리가 말로 표현한 적은 결코 없지만, 엄마는 죽지 않고 네 속에서 계속 살아 있을 것이기에 슬퍼해서는 안 된다

146

는 것이었다. 산다는 것! 너는 나의 삶이다. 나는 삶 자체를 사랑
하는 것만큼 너를 사랑한다."

남아프리카공화국 출신의 노벨문학상 수상자 존 쿳시의 소설
《철의 시대》에 나오는 글귀이다. 암에 걸려 곧 죽을 운명인 주인
공이 먼 나라 미국에 사는 딸에게 죽고 나서야 부치게 될 편지
중 일부이다. 노부인은 이렇게 쓰기도 한다.

"이 글은 너한테 쓰는 것이지만 너한테 쓰는 것이 아니기도 하다.
결국 나한테 쓰는 것이다. 내 안에 있는 너한테 말이다."

자녀는 사랑하지만 떠나보내야 하는 '또 다른 나'이고, 결국
내 안에 있는 '너'이다. 떠나보내도 계속 사랑할 수밖에 없는
'또 다른 나'이다. 소설은 죽어가는 노부인이 만날 수 없는 딸
에게 보내는 편지에서 그런 삶의 진실을 절절히 표현하고 있다.
점점 닥쳐오는 죽음의 공포에 굴복하지 않고, 죽음을 공유하고
싶은 나약한 마음을 억제하며, 비통한 마음 없이 담담하게 삶을
고백하려 애쓰는 노부인의 모습에서 자녀에 대한 진정한 사랑
의 단면을 엿볼 수 있다.
　'이별의식'이라는 말이 있다. 그 말은 요즘 우리나라 부모에
게도 필요한 말이다. 부모는 어린 시절의 내면아이와 이별해야

만 한다. 또한 자녀와의 정신적 이별도 감수해야만 한다. 그렇게 과거와의 이별을 통해서만 미래의 보다 성숙한 만남이 이루어질 수 있기 때문이다.

내가 만난 아픈 부모들 _ 부모는 모두 상처받은 내면아이였다

나는 덕양중학교에서 매주 목요일 저녁마다 '이슬비 사랑 학부모 교실'을 열었다. 부모의 자녀 사랑은 알게 모르게 대지를 촉촉이 적시는 이슬비 같아야 한다는 의미에서 지은 이름이다. 부모는 자식에게 한 번에 너무 많은 것을 퍼주려 해도 안 되고, 너무 방치해도 안 된다. 과잉보호는 아이들을 망치고 무관심은 아이들의 내면을 메마르게 한다. 아이들에게 필요한 것은 시나브로 내리는 이슬비 같은 사랑이다.

실제로 나는 부모의 태도가 바뀌고 나서 등교 시간 '아침맞이' 할 때 아이 표정이 확 달라지는 경험을 여러 번 했다. 한편으로 학교에서 행복한 표정으로 지냈어도 집에 가서 싸우는 엄마, 아빠 틈에 있다가 등교하는 아이들 표정이 어두워지는 것도 경험했다. 학교를 행복한 공동체로 만드는 것 못지않게 학부모 교육이 중요함을 깨달았던 것이다. 그래서 덕양중학교에 부임했던 8년 동안 '이슬비 사랑 학부모 교실'만은 휴강한 적이 거의 없었다. 제주도 출장을 갔을 때도 비행기를 타고 올라와 강의를 했다. 때론 교장 선생님들과 저녁 약속이 있을 때도 핑계를 대고 참석하지 않았고, 아무리 일정이 바빠도 목요일 저녁은 비워 두는 걸 원칙으로 했다.

교실에서 만난 학부모들은 대부분 아이들만큼이나 아프고 힘든 분들이었다. 성장기에 상처받은 내면아이를 묻어두고 살아가는 분들이었다. 특히 부임할 당시 덕양중학교 주변은 무척 열악한 지역이었다. 부모님들도 대부분 생업에 종사하느라 학교에 올 여유가 없었다. 먹고사는 것만으로도 힘겨워서 교육에 별반 관심이 없는 부모들, 학교에 대한 믿음보다 불신이 훨씬 더 많은 부모들, 학교와 교육 과정에서 받은 상처를 여전히 간직하고 있는 부모들…… 마음을 얻는 것 자체가 내겐 커다란 도전이었다.

학부모 교실을 열고 처음에는 과연 몇 분이나 오실까 걱정도 많이 했다. 나는 학부모들에게 일일이 전화를 걸었고, 필요하다고 여겨지면 가정방문도 했다. 교사들에게 도와달라고 할 수는 없었다. 교사들은 수업과 학생 교육에만 전념해야 했다. 학부모를 담당하는 역할은 순전히 교장이 해야 할 몫이었다.

학부모 교실이 시작된 첫날에 참여한 학부모는 소수였다. 그마저 찾아온 분들의 얼굴에는 반가움과 설렘보다 번거로움과 의구심을 훨씬 많이 찾아볼 수 있었다. 학부모들은 자기 자신의 내면을 쉽게 내보이지 않았다. 오랜 시간 동안 견고하게 자리 잡은 내면아이가 성찰을 방해하고 있었다. 자녀 교육의 어려움을 자녀 탓, 교사 탓, 환경 탓으로만 돌리는 학부모도 적지 않았다. 기다림이 필요했고, 인내가 필요했다. 그렇게 조금씩 시간이 흘러갔다.

학부모 교실에서 중요했던 건 나부터 자신의 내면아이를 풀어놓는 것이었다. 내 상처와 내가 겪은 아픔을 그 자리에 있는 학부모들에게 내보임으로써 신뢰를 얻는 것이었다. 그러자 학부모들 또한 경계를 풀고 자신의 내면을 조금씩 보여주기 시작했다. 교장과 다른 학부모와 함께하는 공간이 신뢰할 수 있는 곳이라는 믿음이 찾아온 것이다. 마치 담쟁이넝쿨이 뻗어가듯 학부모들은 서서히 자신의 상처와 내면아이를 직시했다. 30년 지기 친구들도 모르는 고민을 그 자리에서 털어놓았다고 고백하는 학부모도 있었다. 그 시간을 통해 나 역시 중요한 사실을 새삼 깨달았다. 우리 학부모들이 아이들 못지않게 아프고 힘든 시간들을 견뎌내고 있었음을 말이다.

자신의 마음을 열면서 울음을 터뜨리는 학부모도 많았다. 내면에 꼭꼭 담아두었던 설움이 녹으면서 밖으로 터져 나왔던 것이다. 매주 목요일 저녁 내내 덕양중학교 도서실은 울음소리가 끊이지 않았다. 그렇게 학부모들은 회피하지 않고 마주한 내면아이를 통해 자신을 이해해나갔다. 더불어 자녀를 대하는 자신

의 불안과 분노의 근원을 이해하고 훨씬 여유로운 마음을 가질
수 있었다.

"내가 이렇게 상처가 많았다는 걸 발견했던 시간"

저는 중학교 시절에 키가 한꺼번에 15센티미터 정도나 자랐어요.
그래서 아버지가 중 1부터 중 3때까지 매년 교복을 맞춰 주셨어
요. 저희 집이 그렇게 풍족한 집안은 아니었는데도 첫째 딸이니까
너는 그런 대우를 받아도 된다고 말씀하시면서 옷이야 동생들한
테 나눠주면 된다고 하셨지요. 그런 아버지가 학부모 상담이 있으
면 꼭 휴가를 내시고 학교에 오셔서 담임 선생님을 만났는데, 그
때마다 "우리 딸은 법대를 가야 된다."고 강조하셨어요. 제가 아
버지로부터 존중받으면서도 한편으로는 학력에 대해서 굉장히
많이 압박을 받았던 것 같아요. '이슬비 사랑 학부모 교실'에 나와
어린 시절 추억을 그림으로 표현했을 때, 그 당시 압박감이 떠올
라서 많이 울었었죠.

'이슬비 사랑 학부모 교실'을 수료한 뒤로는 저에 대한 성찰의 시
간을 규칙적으로 가졌던 것 같아요. 그때 이후 8년간 아침에 출근
하기 전에 일기를 쓰는 습관이 생겼어요. 끊임없이 나를 돌아보고
성찰하는 기회를 오롯이 가질 수 있었던 것 같아요. 당시에는 많
이 울었었는데, 그 이후 내가 가지고 있던 불안함도 많이 해소되

고 좀 단단해질 수 있는 계기가 되었던 것 같아요.

'이슬비 사랑 학부모 교실'에 처음 참여했던 어느 학부모의 경험담이다. 그 학부모는 8년이나 지난 뒤 마지막 학부모 교실 수료식에 방문해서 다른 부모님들에게 자신이 겪었던 경험담을 진솔하게 이야기해주었다.

또 다른 분은 자신이 어떻게 변화했는지 진솔하게 이야기해서 많은 분의 박수를 받았다.

저는 아이를 위해서 제가 뭔가 시간을 내고 희생을 한다고 생각했어요. 제가 되게 시니컬한 성격이었거든요. 근데 이게 시간이 지나면 지날수록 제가 자존감이 굉장히 많이 결여되어 있어서 그걸 감추려고 아이에게 화를 내고 시니컬했다는 걸 발견하게 되었어요. 그렇게 저를 객관적으로 볼 수 있는 계기가 되었고, 제가 이렇게 상처가 많았다는 걸 발견할 수 있는 시간이었습니다.

요즘 드는 생각은 제 내면아이를 억압했던 제 아버지도 어쩌면 지금의 나와 같았던 게 아닐까, 그래서 아버지에게 돌아가시기 전에 "왜 나한테 그렇게 했어요?" 묻고 싶었어요. 제 자신의 상처와 마주하는 것만으로 이젠 좀 나아질 수 있는 계기가 되리라 믿게 되었습니다.

실제로 학부모 교실에 참여하고 시간이 지나면서 아이하고 얘기할 수 있는 것들이 되게 많아진 듯해요. 저도 아이를 자식으로 보는 게 아니라 남자 대 남자로, 인격체 대 인격체로 존중하면서 볼 수 있게 된 것 같아요. 그러고 났더니 말수가 줄어들던 아이도 저한테 속에 있는 얘기를 꺼내더라고요. 이제 간혹 충격적인 얘기를 들어도 예전과 달리 지금은 그걸 받아들이는 저를 발견했어요. 이 정도면 지금은 센 척하고 받아줄 수 있겠다 생각했습니다. 저를 많이 발견할 수 있었던 시간이었습니다.

이 학부모는 오십 년 가까운 시간 동안 자신을 교묘히 억눌렀던 내면아이와 대면함으로써 자녀와 더 좋은 관계를 유지하고 스스로에 대한 상처도 돌아볼 수 있었다.

학부모들이 종이비행기에 써서 날린 스스로에게 쓰는 편지를 통해서도 그동안 얼마나 자신을 억압해왔는지 엿볼 수 있다.

아이들에게 요정 같은 엄마, 신사임당 같은 엄마, 슈퍼우먼 같은 엄마가 되고 싶었던 마음 이해한다. 힘들었지? 네가 할 수 있는 것보다 많은 것을 해주고 싶어서 많이 힘들었을 것 같다. 하지만 이제부터 있는 그대로의 모습으로 네 앞에 서 있기를 바라고 누군가에게 보이려는 것 말고 네가 정말 원하고 바라는 것이 무엇인지 알고 살아갔으면 좋겠구나.

그동안 살면서 수고 많았고 고생했다. 너는 충분히 박수 받을 자격이 있고, 있는 그대로 사랑받기 충분한 사람이야. 고맙다.

그동안 수고했어. 가끔씩 슬플 때도 있었고 기쁠 때도 있었지. 하지만 모든 걸 견뎌냈기에 지금의 내가 있는 거야. 나만을 생각하면서 살던 내가 결혼하면서 아이들과 남편을 더 먼저 생각하면서 살게 되었지. 그러면서 힘들기도 했어. 이제부턴 조금 더 너를 먼저 생각하며 살아가 봐. 네가 행복해야 네 가족도 행복할 수 있는 거니까. 그동안 수고했어. 잘했어. 앞으로 더 잘할 거야. 사랑해.

아이를 위해 무엇을 어떻게 해줘야 할까 온통 그 생각만 했던 나였어. 학부모들과 함께 아이에 대해 이야기하면서 오롯이 아이에게만 초점을 맞추고 있다고 생각했는데, 언젠가부터 그 초점이 아이가 아닌 내게로 옮겨왔어. 그러면서 내 안에 감춰지지 않은 나 자신을 찾아가는 시간이 되었고, 그 시간들이 참 감사했어. 엄마로서 그동안 정말 수고했어. 그 정도면 최선을 다한 거야. 아이를 바라보기 전에 네 자신을 먼저 바라보니 세상이 더 아름다워진 것 같지 않니? 네 내면에 묻어 있는 각양각색의 색깔들이 더 어우러져 멋지고 예쁜 무지개가 될 수 있길 바라. 항상 최선을 다했던 너, 정말 수고 많았어.

막둥이를 아빠에게 맡기고 처음엔 뭐가 뭔지도 모르고 나왔어. 내면 아이가 무엇인지, 이슬비 사랑이 무엇인지 모르고 나왔다가 점점 알아갈 때쯤 하염없이 울음이 터졌어. 어렸을 적 사춘기 시절의 나를 만나 다시 마음이 무거워졌기 때문이었어. 그 뒤로도 한 번도 느껴본 적 없었던 마음을 경험하고 혼란스러웠어. 조금 정신이 든 며칠 뒤에 다시 그때의 나를 만나서 보듬어주고 괜찮다고 위로해주었지. 내 자신을 돌아보게 된 이 귀하고 안전한 공간을 주신 모든 참여자분들께 감사해.

학부모들은 대부분 가족을 먼저 생각하는 나머지 정작 자기 자신을 방치하고 억압하는 경우가 많았다. 자신의 내면이 병들어가는데도 꼭꼭 감추거나 돌아보지 않았기 때문이다. 사실 대한민국에서 내면치유가 필요하지 않은 부모는 없다. 강남이나 신도시에 사는 부유한 부모들도 예외는 아니다. 아무리 삶이 안정되고 풍족해도 대한민국 부모들은 모두 아픈 사람들이다. 우리 아이만 잘되면 괜찮다고 생각하는 부모들도 많은데, 그것이야말로 불안에서 촉발된 가장 큰 질병일 수 있다.

많은 학교에서 학부모 강의를 진행하고 있다. 안타깝게도 대부분 학부모의 눈과 귀가 솔깃해지는 입시나 진로, 학업에 대한 강의가 우선이다. 그러다 보니 학부모들 내면에 도사리고 있는 근원적인 상처에는 너무 무관심하고 무지하다. '이슬비 사랑 학부모 교실'처럼 학부모들에게 사춘기 자녀를 기르면서 얼마나 힘들었는지, 자신의 상처와 아무런 준비 없이 마주해야 했는지 알 수 있는 계기를 마련해주는 게 입시 강의보다 필요하다. 같은 상처를 안고 있는 부모들끼리 서로 내면을 털어놓고 울고, 아픔을 내려놓기만 해도 어느 정도 치유가 이루어진다. 내면치유야말로 입시와 진로가 아닌 진정으로 자식의 행복을 위하는 부모로 성장하게 하는 밑거름이자 아픈 학교를 치유할 수 있는 밑거름이다.

학부모는 '교육 주체로 거듭나야 한다

교장 선생님 편지를 읽고 정말 기쁘고 힘이 납니다. 그리고 안도했습니다. 우리 아이가 지극히 정상적인 사춘기를 보내고 있고, 우리나라 교육을 개혁할 큰 인물이 될 수도 있다고 말씀해주시니 불안한 마음이 싹 가시고, 오히려 행복한 기운이 스멀스멀 올라옵니다. 그리고 지금 저희 부부가 하고 있는 양육 태도가 올바른 것이라고 하시니 더욱 힘이 납니다. 아이를 믿고 기다려주면 잘 자라날 것이라고 하신 말씀을 따라가려고 합니다.

제가 교장 선생님 말씀에 더욱 확신을 가지는 이유는 '아빠, 엄마를 생각하면 떠오르는 느낌'에 대해 체크하는 숙제였는데, 그 결과가 참 의미 있었기 때문입니다. 지난봄에도 아이에게 같은 숙제를 부탁했기에, 그때 체크한 엄마에 대한 느낌과 이번에 체크한 느낌을 비교해볼 수 있었습니다.

1학기에 우리 아이가 체크한 엄마에 대해 갖는 느낌은 '두려운', '불안한', '떠밀린', '실망한', '불편한', '미운', '참을 수 없는', '무시하는', '비난하는', '실망시키는' 등이었습니다. 교장 선생님 강의를 듣고 제가 먼저 인내하고 아이를 믿고 지켜봐 주려고 노력 하였습니다. 지금 우리 아이가 체크한 엄마에 대한 느낌은 '적절한', '중요한', '아껴주는', '편안한' 등입니다. 아이와 관계가 많이 좋아졌다는 걸 느낄 수 있었습니다.

교장 선생님께서 너무 아이에게만 집착하지 말라고 하신 말씀도 정말 와닿았습니다. 저는 도서관에서 독서모임 활동을 열심히 합니다. 집에서도 자연스럽게 책을 많이 읽으니까 아이에게 신경이 덜 가게 됩니다. 제가 책을 읽는다고 해서 아이에게 책 읽으라고 강요하지 않습니다.

제가 방에서 책을 읽는 시간에 아이는 거실에서 게임을 합니다. TV도 봅니다. 그리고 가끔 책 읽는 엄마를 보면서 한마디 합니다. "따뜻한 침대에서 차 한 잔과 함께 책 읽는 엄마 모습이 참 좋아 보이네요." 어떤 날은 아이와 같이 TV 예능을 보면서 까르르 넘어 갈 정도로 웃고 떠들다가 그 프로그램 다 끝나면 TV를 제가 끄기 도 합니다. 그럴 땐 반감을 안 가지더군요. 엄마랑 공감대를 형성 하면서 실컷 즐겼기 때문인지 그런 상황에서는 TV를 끄는 것이

당연하고 자연스럽게 느껴지는 것 같습니다.

지금은 아이를 그냥 믿고 지켜봐 줄 수 있다는 자신감이 조금 아주 조금씩 생겨나고 있습니다. 제 안에 긍정적인 변화가 일어나고 있는 것이겠죠. 그동안 바쁘고 불안한 마음에 아이를 너무 다그쳤던 것 같습니다. 이제는 많이 기쁘고 느긋해졌습니다. 더 편안한 마음으로 아이를 조금 더 따뜻한 눈으로, 사랑을 가득 부어주면서 행복하게 지내야겠습니다.

교장 선생님, 날씨가 많이 추워졌습니다. 건강 조심하세요. 그럼 강의 때 뵙겠습니다. 감사, 감사드립니다.

이 편지는 학부모 교실에 참가했던 학생 어머니가 보내준 편지이다. 편지 내용 중에 '아빠, 엄마를 생각하면 떠오르는 느낌'에 대해 자녀가 체크하게 하는 숙제는 학부모 교실 강의 초기에 받아보게 하고 수업이 12주 이상 진행된 뒤에 다시 한 번 확인하게 한다. 비폭력 대화 집중 연수 자료를 참고해 만든 체크리스트에는 '인정받는', '기쁜', '믿을 만한' 같은 좋은 감정과 '화남', '비교당하는', '차가운' 같은 불쾌한 감정이 각기 40개씩 적혀 있고, 아이는 부모에게 느끼는 감정 모두에 체크하게 하는 테스트이다.

이 숙제를 해오는 날 학부모들의 반응은 무척 다양하다. 처음엔 자녀가 부모인 내게 그렇게 느낄 줄 몰랐다며 눈물 흘리거나 당황하는 경우가 많다. 비로소 자녀 마음의 민낯과 마주한 것이다. 그러나 이후 부모들은 스스로 자녀에게 하는 말이나 표정, 의사소통 방법을 열심히 공부하고 연습한다. 매주 목요일에 와서는 한 주 동안 자녀와 어떻게 관계를 바꾸기 위해 노력했는지, 자녀의 반응은 어떠했는지 서로 나누고 성찰하는 시간을 갖는다. 이런 과정을 통해 부모도 성장하고 아이들도 행복감을 느낀다. 시간이 갈수록 등교하는 아이들 표정이 피부에 와닿을 정도로 달라진다.

학부모는 '동원 대상'도, '교육 소비자'도, '계몽 대상'도 아니다. 학부모는 '참여 주체'가 되어야 한다. 학부모가 진정한 교육 주체로 학교에 참여하려면 그것이 가능한 구조를 마련해야 한다. 하지만 아무리 학부모회를 활성화하고 학부모 교실을 열어도 학부모가 선뜻 참여하는 것은 쉽지 않다. 학부모의 마음을 열고 학교를 신뢰할 수 있어야 진정한 주체로서 참여가 시작된다. 그러기 위해서는 바로 학부모 마음에 깃든 내면아이의 상처, 수십 년간 묵혀놓고도 방치하기만 한 그 오랜 상처를 들여다보고 위로하는 따뜻한 마음이 우선해야 한다.

"폐교 위기에 놓인 작은 학교, 덕양중학교는
어떻게 아픈 학교의 희망을 쏘아올린 신호탄이 될 수 있었을까?
교실도, 마을도 품어주지 못한 아이들의 길 잃은 눈빛은
어떻게 내일을 꿈꾸며 맑게 빛날 수 있었을까?
학생, 교사, 학부모 교사가 둘러앉아 서로의 마음을 경청하고,
섬기며 일군 평화의 교육과정을 통해
아직 늦지 않은 학교의 미래를 증명한다."

Part 2

학생, 교사, 학부모를 변화시킨 평화의 교육과정

그래도 학교가 백신이다

아이들 스스로
만들어가는 학교

Chapter 6

큰 산불이 나자 동물들은 모두 도망가기에 바빴다. 오직 몸길이가 오 센티미터 될까 말까 한 벌새 '크리킨디' 혼자만 입에 물을 머금고 부지런히 산불을 끄기 위해 동분서주했다.

"야, 이 바보야! 그런다고 산불이 꺼지겠냐? 빨리 도망쳐!"

보다 못해 외치는 다른 동물들에게 크리킨디는 말했다.

"나는 내가 할 수 있는 일을 할 뿐이야."

남아메리카 원주민들 사이에 전해진다는 벌새 크리킨디 우화이다. 널리 알려진 이 이야기를 소개하는 것은 덕양중학교에 부임하던 당시 내 심정이 그와 비슷했기 때문이다.

"단지 내가 할 수 있는 일을 해보자."

내가 보기에 한국의 교육 시스템이야말로 불이 활활 타오르는 산이나 마찬가지였다. 큰 산불이 일어나서 숱한 생명이 타들어 가듯 수많은 학생, 교사, 학부모 마음도 타들어 가고, 교실은 점점 더 깊게 속병이 들어가는 상황. 몇몇 사람이 제아무리 애쓴다고 해서 꺼질 산불이 아니었다. 그렇다고 도망칠 수도, 손 놓고 지켜볼 수만도 없었다. 그래서 나 역시 한 마리 벌새 크리킨디처럼 할 수 있는 일을 하자고 결심했다.

한편으로 나는 행운아이기도 했다. 덕양중학교라는 기회의 땅에 올 수 있었기 때문이다. 그렇다고 내가 처음부터 학생들의 행복을 소중히 여기는 교사였던 건 아니다. 예전에는 나 역시 공부와 성적을 중시하는 대한민국의 흔한 교사 중 한 명이었다. 그러다 내면치유 상담을 받으면서 서서히 변화하기 시작했다. 그리고 한 학생을 만났다.

성적을 걷어내고 바라보면 문제아는 없다

덕양중학교에 부임하기 2년 전이었다. 민호는 명문대학교 많이 보내기로 유명한 강남의 모 고등학교 2학년 학생이었다. 그런데 성적도 좋고 매사 착실해서 부모나 친구들과 아무런 문제가 없던 이 학생이 어느 날 유서를 썼다.

고등학교 2학년에 올라가 6월에 모의고사를 보기 전까지 민호의 성적은 전 과목 1등급이었다. 그러다가 그 모의고사에서 수리 영역이 3등급이 되고 말았다. 부모님은 성적이 떨어지자 민호에게 호된 꾸중과 질책을 쏟아냈다. 그때까지 성적으로 인해 부모님에게 혼이 난 적 없던 민호로선 잔소리를 감당하기 힘들었다. 다음 시험이 벌써부터 두렵고 결과가 나쁘면 또다시 꾸중들을 것이란 압박감에 눈앞이 하얬다. 결국 민호는 목숨을 끊기로 결심하고 유서를 작성했다. 천만다행으로 부모님이 유서를 발견해 민호는 목숨을 건졌고, 나를 만나 내면치유를 시작했다.

"넌 왜 노력하지 않니? 너도 잘할 수 있어! 네 삼촌은 너보다 머리가 더 나빴지만 미국 명문대학교 나와서 국제변호사 하고 있잖아."

민호가 부모에게 들었던 가장 견디기 힘든 말이었다. 민호로선 정말 노력해서 얻은 점수였지만 부모는 오직 결과로만 평가하고 있었다.

"우리 학교 본관 건물이 내 몸을 짓누르는 것 같아요."

민호는 마음의 고통을 그렇게 피력했다.

비단 민호에게만 해당되는 말이 아니다. 언젠가는 초등학교

4학년 아이가 아파트 베란다에서 뛰어내린 사건도 있었다. 엄마가 아이를 학원에 보냈는데, 공부에 별로 취미가 없던 아이는 학원에 적응하지 못해 수업 분위기를 흐린다고 강제로 퇴원 당했다. 엄마는 같은 동네 사는 다른 아이와 비교하며 아이를 혼냈다. 그래도 분이 풀리지 않아 "나가!"라고 말했는데 아이가 수치심을 견디지 못하고 아파트 베란다에서 뛰어내린 것이다.

성적과 학업으로 인한 스트레스를 이기지 못하고 목숨을 끊는 학생이 한 해 동안 수백 명에 이른다. 아직 채 피어나지도 못한 소중한 생명들이 단지 성적이나 학업으로 인한 비관이나 주변 사람들과의 갈등, 스스로가 받는 압박감으로 허무하게 저버리는 것이다.

성적과 입시에 대한 부담으로 학교를 떠나는 학생들도 적지 않다. 관련 조사를 보면 2018년 한 해에만 초·중·고등학교에 다니는 전체 학생 중 1%에 가까운 5만2539명이 학교를 떠난 것으로 파악된다. 이 비율은 매년 증가하는 것으로 나타났다.[1] 이러한 학업 중단을 막기 위해 '학업 중단 숙려제'를 실시해서 학생에게 1주에서 7주까지 생각할 기회를 제공하고 상담 등 프로그램을 지원하여 신중한 고민 없이 이뤄지는 학업 중단을 예방하는 제도도 실시하고 있다. 다행히 학업 중단 숙려제에 참가하는

---

1 〈경기신문〉 2019년 10월 21일, 〈부적응으로 학교를 떠나는 학생들〉 칼럼 참조.

학생은 줄어들었지만 이 프로그램에 참가한 학생 가운데 학업을 지속하는 비율은 오히려 꾸준히 증가하는 추세이다. 이렇듯 학교를 중단하거나 홈스쿨링, 해외유학 등으로 공교육을 떠나는 학생만도 한 해에만 수만 명에 이르는 것이다.

저마다의 꿈과 잠재력에 사랑과 칭찬, 공감과 지지를!

언젠가 덕양중학교 1학년 학생을 대상으로 '꿈'에 대한 특강을 한 뒤에 '모둠활동'을 한 적이 있다. 자신의 꿈을 활동지에 글로 쓰고 말로 표현하면 모둠 친구들이 함께 응원해주고 마음을 담아 댓글을 달아주는 시간이었다.

아이들은 초롱초롱 빛나는 눈빛으로 "꿈을 이루기 위해서는 반드시 어려운 일이 있기 마련이다. 그 고난을 잘 극복하면 오히려 고난을 통해 성장할 수 있다."는 지루한 내 이야기를 열심히 들어주었다.

아이들은 자신의 꿈이 담긴 내용을 예쁜 편지봉투에 담아 타임캡슐로 만들었다. 3년 후 졸업식 날 타임캡슐을 열어보았을 때 자신이 그 꿈을 향해 어떻게 달려가고 있는지, 얼마나 성장하고 변화했는지 확인하게 될 터였다.

그중 3모둠의 범진이는 '내 꿈은 PD'라고 적었고, 꿈을 이룬 모습을 그림이나 신문기사 등으로 표현하는 난에는 15년 후 신문에 실린 '김범진 PD의 기사'를 적었다. 김범진 PD가 기자와 인터뷰한 내용을 기사화한 것이다. "어떤 프로그램을 만들고 싶나요?" 묻는 기자의 질문에 "사회에 영향력 있는 PD가 되어서 사람들의 잘못된 고정관념을 깨고 싶어요. 꼭 재미있는 프로그램만 만들려고 하지는 않을 겁니다." 대답한 내용도 있다. 활동지 맨 밑에는 재호와 유미, 지연이가 응원한 댓글도 있었다.

재호 범진아! 나중에 PD가 되어 좋은 방송 만들 때 나 좀 섭외해 주라. 부탁해!

유미 〈무한도전〉 같은 프로그램이나 시민의 의견을 대표해주는 방송을 만들어주면 좋겠어. 나중에 네가 꿈을 이루고 기뻐하는 모습이 사실처럼 떠오른다. 너는 할 수 있어! 사람들이 기억해주는 PD로 남기를 바라.

지연 꼭 PD가 되길 바랄게. 파이팅!

댓글을 남긴 아이 중 재호는 자기 꿈을 기타리스트로 적었는데, 범진이는 쑥스러워하는 재호를 격려하는 댓글을 남기고 낭독하며 응원해주기도 했다.

범진 난 네 꿈이 부끄럽지 않다고 생각해. 너는 정말 멋진 생각과 기발한 아이디어를 많이 가지고 있어! 내가 PD가 되어서 프로그램을 만들면 네가 꼭 출연해서 좋은 자리에서 다시 만나자!

내가 중학교 1학년 교실에 들어가 14세 아이들에게 수업한 것은 무려 23년 만이었다. 나는 23년이라는 세월이 흘러도 14세 중학생 내면에 깃든 정서적 특징은 거의 변화가 없음을 깨달았다. 무엇보다 '중2병'이라는 말 대신 아이들의 잠재력을 극대화해줄 방법을 많이 생각해낸다면, 그들은 서로서로 꿈을 존중하면서 열정을 불태울 재목들이 될 것임을 확신할 수 있었다.

다양한 적성과 취미를 고려한 진로 체험을 위해 '메이크업 아티스트', '난민 변호사', '1인 시민활동가', '헤어디자이너', '제빵제과사', '야구선수' 등 다양한 분야의 직업인들을 초청해 실시하는 진로 탐색 프로그램에서 학생들 눈이 그 어느 때보다 반짝반짝 빛나는 것을 확인할 수 있었다.

이처럼 학생들에게는 성적과 입시라는 획일적인 잣대와 기준 대신 저마다의 잠재력을 개발하기 위한 다양한 세계를 보여주고 체험하게 하는 것이 중요하다. 아이들의 꿈에 사랑과 칭찬, 공감과 지지를 보내주는 것이 절대적으로 필요하다.

학생들 저마다 품고 있는 개별적이고 고유한 잠재력은 하나로 획일화할 수 없다. 인간을 하나의 잣대로 보는 건 엄청난 비효율을 넘어 폭력에 가깝다. 사회 발전의 기본 전제인 다양성과도 너무 멀리 떨어져 있다. 획일적인 잣대를 거두고 보면 학생들은 모두 하나의 가능성이자 무한한 잠재력이다. 성적과 입시라는 기준을 거두면 문제아도, 중2병도 없다. 그것은 대부분 어른들이 만들어낸 '문제아'이며 '중2병'인 것이다.

스스로 만들어가는 학교

학생은 교육의 대상이 아니라 주체이다. 물론 '땡감'인 미성년을 '홍시'가 된 성인과 똑같이 대하는 건 적절치 않다. 보호받아야 할 청소년들이기에 권리 또한 제약받을 수밖에 없다.

근대 자유주의 사상의 아버지라 불리는 J.S 밀(John Stuart Mil)은 《자유론》에서 모든 인간은 타인에게 피해를 주지 않는 한 어떠한 제약도 받지 않고 자유를 누릴 권리가 있다고 주장했다. 설사 그 자유가 자신을 파괴하는 것일지라도 그의 자유를 구속해서는 안 된다고 역설했다.

그럼에도 그런 주장에 예외를 두는 집단이 있는데, 대표적인 게 바로 미성년들이다. 아직 스스로 판단하고 책임질 수 있는 나이가 아니라는 이유에서였다.

서구의 근대 교육제도는 국가가 필요한 국민을 길러내는 것이 중요한 목적이었다. 각종 수도원, 사관학교, 기숙사 등 교육

시설에서 통제와 훈육을 통해 규율화되고 표준화된 엘리트들을 선도적으로 길러냈다. 그래야만 국가가 요구하는 인재들을 통해 국가 권력을 유지할 수 있기 때문이었다. 교육이 추구하는 목적 자체가 개인의 개성과 자유를 최대한 신장시키는 것과는 거리가 멀었다.

산업화와 근대화가 서구보다 한참 뒤처졌던 한국, 대만, 홍콩, 싱가포르 같은 동아시아 국가들은 이 같은 목적으로 설계된 서구의 근대 교육제도를 열심히 수입해서 실천해왔다. 이러한 교육이 나름 긍정적인 역할을 한 것도 사실이다. 서구에서 200~300년에 걸쳐 진행된 산업화와 근대화를 단 몇십 년 만에 압축적으로 이뤄낸 원동력이 되었고, 개개인의 자유나 인권을 향상시키는 밑바탕이 되었던 것이다.

그러나 부작용 또한 적지 않았다. 이를테면 '경쟁만능주의', '관료주의', '국가주의' 같은 가치관이 사회에 깊이 뿌리내린 점을 들 수 있다. 더불어 개개인 역시 국가의 요구에 부합하는 인재로 성장함과 동시에 사적인 욕망을 실현하는 도구로써 교육을 열심히 이용해왔다. 그에 따라 오늘날 교육에서 점점 더 크게 요구되는 공공성은 상실되고, 출세지상주의만이 횡행하게 되었다.

'공부'에서 '배움'으로
교육 패러다임을 전환해야 한다

　　　　　　　　　　　　사토 마나부의 《배움으로부
터 도주하는 아이들》은 일본 교육의 위기를 극복하고자 하는 실
천적 관심에서 출발하고 있다. 일본과 매우 유사하게 교육을 실
천해온 한국 교사들에게도 시사하는 바가 매우 큰 책이다.

　한국에서 '교실 붕괴론'이 나타난 건 1990년대 후반이었다.
학생들이 수업시간에 잠을 자거나 교사 말에 따르지 않고, 학
교폭력과 왕따 현상이 본격화한 게 그즈음이었다. 그보다 앞선
1994년에 '서태지와 아이들'의 〈교실이데아〉란 노래가 큰 유행
을 했다. 노래 가사는 개인의 창의성이나 개성은 무시하면서 획
일적 인재 양성에만 머물러 있는 산업화시대 교육제도의 한계
를 신랄하게 비판하고 있다.

　매일 아침 일곱시 / 삼십 분까지 우릴 / 조그만 교실로 몰아넣고 /
　전국 구백 만의 아이들의 / 머릿속에 모두 똑같은 것만 / 집어넣
　고 있어 / 막힌 꽉 막힌 사방이 막힌 널 / 그리곤 덥석 모두를 먹어
　삼킨 / 이 시꺼먼 교실에서만 / 내 젊음을 보내기는 / 너무 아까워

　문학이나 예술의 속성 중 하나는 한 시대의 징후를 예민하게
느끼고 표현하는 것이다. 잠수함 속의 토끼나 깊은 탄광 속 카

나리아 역할을 하는 게 문학과 예술이다. 그런 면에서 서태지와 아이들은 이미 배움이 사라져버린 교육 현실을 다른 누구보다 더욱 예민하게 느끼고 격렬하게 표현했던 것 같다.

'교실 붕괴론'은 일본에서도 비슷하게 나타났다. '왕따' 대신 '이지메'가, 수업시간에 잠을 자는 대신 학교에 나오지 않는 '부 등교 현상'이 일어난다는 차이만 있을 뿐이었다. 사토 마나부는 이런 현상에 대해 학생들이 더는 배움에서 의미를 찾지 못하고 '배움으로부터 도주'하는 것이라 보았다. "누구나 열심히 공부 하면 성공할 수 있다."는 신화가 무너지고, 학교에서 배우는 내 용이 자신에게 아무런 의미도 없음을 일본 학생들이 간파했다 는 것이다.

사토 마나부는 이런 현상의 대안으로 '공부'에서 '배움'으로 의 전환을 주장했다. 동아시아 사회 전체를 급속한 산업 발전으 로 이끈 국가주의와 출세주의가 결합된 교육 모델은 종언을 고 했으며 더는 지속 가능하지 않다고 본 것이다. 그렇다면 사토 마나부가 말하는 공부와 배움의 차이는 무엇일까.

"공부의 세계는 아무도 만나지 않고 아무것에도 부딪치지 않고 스스로를 깨닫지 못하는 세계이며 쾌락보다 고통을 존중하고 비 판보다는 순종을, 창조보다는 반복을 중시하는 세계였다. 공부의 세계는 장래를 위해 현재를 희생하는 세계이며, 그 희생의 대가를 재산이나 지위, 권력에서 찾는 세계였다. 또한 공부의 세계는 사람과 사람의 끈을 끊어버리고 경쟁을 부추겨 사람과 사람을 지배와 종속관계로 몰아가는 세계였다. 지금의 아이들은 이러한 공부 세계의 바보스러움을 잘 알고 있다.

이에 반해 배움의 세계는 대상이나 타자, 그리고 자기와 끊임없이 대화하는 세계이다. 자기를 내면에서부터 허물어뜨려 세계와 확실한 끈을 엮어가는 세계이다. 고독한 자기성찰을 통해 사람들의 연대를 쌓아 올리는 세계이다. 또는 보이지 않는 땅으로 자신을 도약시켜 거기에서 일어난 일을 자신의 것으로 연결하는 세계이다. 그리고 스스로의 행복을 위해서뿐만 아니라 많은 타자와 함께 행복을 탐구해가는 세계이다.

-《배움으로부터 도주하는 아이들》 중에서

사토 마나부는 공부와 배움의 차이는 '만남과 대화의 유무'라고 강조한다. 여기서 만남이란 '세계와의 만남', '타자와의 만남', '자기와의 만남' 등 세 차원에서 이루어지고, 그 만남은 '대화적 관계'에서 비롯된다. 교과서나 칠판을 넘어 대상 세계와의 만남(활동적 배움), 고립된 자아에서 벗어난 타자와의 만남(협력적 배움), 배운 것을 표현하고 공유하는 가운데 다시 자기 자신을 성찰하는 만남(반성적 배움)이 있어야 진정한 배움이라 할 수 있다.

존중으로 구성원의 자존감을 살려주는
'회복적 생활교육'

그렇다면 어떻게 '공부 대신 배움이 있는 교실', '만남과 대화가 있는 수업'을 만들 수 있을까? 무엇보다 학생들의 자존감이 회복되는 것이 우선이어야 한다. 수치심이 가득하고 무기력에 빠져 있는 학생, 피곤함과 짜증에 지친 교사들이 있는 한 학교와 교실에서 진정한 만남과 대화가 이루어질 리 만무하다.

수치심 대신 존중이, 무한경쟁 대신 협력과 포용의 정신이 학교 운동장에서부터 교무실까지 가득 찰 때, '배움과 만남이 있는 교실'의 분위기가 무르익을 것이다. 바로 '회복적 생활교육'이 절실하게 필요한 이유이다.

혁신학교가 시작되기 전, 덕양중학교가 그랬다. 학생 생활지도가 너무 힘든 학교였다. 사회경제적으로 낙후된 지역이라 많은 학부모가 먹고사는 것만으로도 벅차 자녀 교육을 방치하다시피 했고, 학생들은 수업시간에 자거나 딴청을 부리기 일쑤였다. 학교를 자퇴하고 사고를 치는 일이 비일비재했다. 교사들에게 덕양중학교는 잠깐 들렀다 떠나는 곳이었고, 교실과 교무실에서는 호통과 체벌이 끊이지 않았다.

한마디로 덕양중학교는 고인 물이 썩어가는 커다란 늪과 같았다. 그렇기에 혁신학교를 시작하면서 가장 시급한 것이 아이들, 그리고 교사들의 자존감을 살려 무기력의 늪에서 꺼내는 일이었다.

자존감이 낮은 사람에게 나타나는 두 가지가 바로 폭력적인 반응과 무기력이다. 전자는 수치심으로 인한 분노를 외부로 돌리는 것이고, 후자는 자기 탓으로 돌려 스스로를 고립시키는 것이다. 이처럼 일상적인 무시나 무관심에 노출된 구성원들의 상처를 어루만져주는 일이 가장 시급했다. 특히 아이들에게 필요한 건 통제나 처벌이 아니라 존중받는 경험을 하게 해주는 것이었다.

덕양중학교에서는 2012년부터 '회복적 생활교육'을 시작했다. 이는 '회복적 정의'에 토대를 둔 새로운 생활교육 패러다임으로 처벌과 통제 위주의 '응보적 정의'에 기반을 둔 기존 생활교육과 차별화된다.

예를 들어 학교폭력의 가해자가 누구인지 색출하고 합당한 처벌을 내리는 것이 처벌과 통제에 바탕을 둔 생활교육이었다면 회복적 생활교육은 학생들 사이의 훼손된 관계를 회복시켜 평화로운 공동체를 형성하는 것에 목적을 둔다. 가해자를 처벌한다고 학생들 사이의 관계가 회복되고, 상처가 치유되는 것은 아니기 때문이다.

회복적 생활교육의 일차적 관심사는 피해자의 심리 회복이다. 이 과정에서도 가해자를 소외시키지 않고, 문제 행동의 내면에 숨겨진 가해자의 욕구와 목소리를 듣고 자신의 행동에 대해 스스로 책임을 지게 함으로써 다시 공동체 속으로 통합시키려는 노력을 한다.

이처럼 회복적 생활교육은 가해자와 피해자, 그리고 공동체 모두의 관계성을 새롭게 회복시키는 데 그 목적이 있다. 갈등 상황이 발생하기 이전에 교사, 학생, 학부모의 소통과 관계성을 견고하게 다져 평화로운 공동체를 만들고자 하는 것이다.

해결 방안을 함께 모색하는 비폭력 대화법

회복적 생활교육이 제대로 이루어지려면 우선 학생들을 대하는 교사들의 태도가 달라져야 한다. 학생들을 고유한 존재로 바라보고 존중하는 마음을 가져야 한다. 그러기 위해서는 먼저 사용하는 언어부터 달라야 한다. 그래서 덕양중학교에서는 비폭력대화센터의 전문가를 초빙해 '비폭력 대화 집중 연수'를 45시간 동안 운영했다.

'비폭력 대화'란 내 욕구와 상대방의 욕구를 동시에 만족시키기 위한 평화로운 대화법을 말한다. 보통 ①사실 관찰, ②느낌, ③욕구/필요, ④부탁의 네 단계를 거친다.

교사가 훈계하는 말투를 버리고 '사실 그 자체'에 집중하여 말하는 것이 비폭력 대화의 시작이다. 예를 들어 "너 오늘 또 지각했구나!"라는 말에는 이미 지각한 학생에 대한 비난의 감정이 담겨 있다. '사실 관찰'로 이야기를 시작하려면 "오늘 네가 10분 늦게 왔구나."라고 이야기해야 한다. 그러고 나서 "선생님은 네가 제시간에 오지 않아 무슨 사고라도 났나 싶어 걱정했어."라고 느낌을 말한다.

다음 단계는 상대방의 욕구를 확인하고 자신의 요구를 전달하는 것이다. 어떤 학생이 습관적으로 지각한다면 특별한 사정이 있는 것인지, 학교생활에 적응하지 못해서 그런 것인지 확인해야 한다.

문제 상황을 파악하면 교사의 부탁을 전달해야 한다. 예를 들어 "불가피하게 지각해야 할 상황이 생기면 선생님에게 미리 연락하렴. 그래야 선생님이 걱정하지 않을 것 같아."라고 부탁하는 것이다. 이렇게 할 때 '지각'이라는 행위 자체를 비난하는 폭력적인 대화가 아니라 해결 방안을 함께 모색하는 비폭력 대화가 이루어질 수 있다. 이러한 비폭력 대화를 통해 교사와 학생들 사이에 신뢰가 쌓이고, 학생들은 '자아존중감'을 느낄 수 있으며 뿌리 깊은 상처에서 조금씩 회복된다.

아메리카 원주민들의 전통에서 유래한 '서클'의 의미

'회복적 서클'도 회복적 생활교육의 중요한 수단이 된다. 서클은 모든 참여자가 둥그렇게 둘러앉아 자신의 내면을 솔직히 드러낼 수 있는 모임이다. 덕양중학교에서는 학생뿐만 아니라 교사나 학부모도 각종 모임을 이 서클 방식으로 둘러앉아 진행한다.

여기엔 중요한 의미가 담겨 있다. 동서양을 막론하고 원은 종교적으로 많은 의미를 담고 있다. 원은 우주만물과 자연의 원리, 생명의 원동력, 궁극적인 완전성을 표방하는 것 등을 내포했다. 사각이 육체나 현실을 상징한다면 원은 정신세계를 상징하는 것으로 일컬어졌다. 그러니까 참여자들이 둥그렇게 둘러앉아 서로 이야기를 나누는 것은 평등하게 의견을 교환하며, 정신적 회복을 지향하고, 완전함을 추구한다는 의미를 담고 있다.

원래 이 서클은 어려운 문제가 발생했을 때 둥글게 앉아 이야기를 나누던 아메리카 원주민들의 전통에서 유래했다. 이것이 브라질 상파울루 빈민가에서 마약과 폭력을 일삼던 청소년들의 치유와 회복 프로그램으로 발전하면서 '회복적 서클'의 기원이 되었다.

보통 서클은 참석자가 둥글게 둘러앉고 사회자가 모임을 진행하는 방식으로 이루어진다. 흔히 토킹 스틱(talking stick)이라는 작은 막대기나 상징물을 시계 방향으로 돌리면서 대화를 진행한다. 토킹 스틱을 가진 사람만 발언할 수 있으며, 아무 말도 하고 싶지 않으면 스틱을 그냥 옆으로 돌리면 된다. 모임 성격에 따라 진행 방식은 달라질 수 있으나 대개 진행자가 서클의 의미를 소개한 뒤에 참석자들이 모임에 참여한 계기나 '지금-

여기'의 느낌을 이야기하는 것으로 시작한다. 이후 함께 논의해야 할 안건이나 질문에 대해 두어 차례 돌아가며 모임을 진행한다. 보통 '체크인'으로 시작해서 '체크아웃'으로 끝나며 이를 통해 '알아차림->자기표현->공감'의 과정이 이루어진다.

박숙영 선생의《회복적 생활교육을 만나다》에서 소개하는 과정을 간단히 소개하면 첫 번째 단계는 '느낌을 알아차리고 표현하기'이다. 참여자들은 1분 정도 조용히 침묵의 시간을 보내면서 자신의 몸과 마음을 성찰한다. 그리고 "지금 내 느낌은……", "지금 내 몸은……." 등의 표현을 이용하여 자신의 몸 상태나 느낌을 간단히 한두 문장 정도로 말한다. 참여자들은 다른 사람의 느낌과 표현을 존중하는 마음으로 경청한다.

두 번째 단계는 '자신에게 중요하거나 필요한 것을 알아차리고 표현하기'이다. "지금 이 순간 나에게 중요하거나 필요한 것이 무엇인가?" 스스로 질문한 뒤, 돌아가면서 "지금 내게 중요한 것은……", "지금 내게 필요한 것은……." 등의 표현을 이용해서 자신에게 중요한 것을 표현한다.

마지막 단계는 '열린 질문을 통해 서로의 차이를 발견하고 존중하기'이다. 서클 참여자들은 준비된 안건에 대해 자기 생각을 자유롭게 이야기한다. 이때 중요한 것은 다른 사람의 의견을 비난하거나 자기 생각을 강요하지 않고 다양한 관점을 발견하며 차이를 존중하는 태도이다. 자신이 미처 생각하지 못한 다른 사람의 견해를 듣는 것도 새로운 배움의 계기가 된다.

덕양중학교에서는 일주일의 시작과 끝인 월요일 아침 조회와 금요일 오후 종례를 바로 이 서클로 진행했다. 교사의 일방적인 훈계나 전달 사항으로 이루어지는 조회나 종례와는 전혀 다른 방식이다. 월요일 아침 조회 시간에는 학생들이 지난 주말에 있었던 일들을 서로 이야기하고 일주일 동안 학급에서 실천해야 하는 내용들을 토의한다. 금요일 오후에는 일주일 동안을 돌아보며 성찰하고 중요한 안건을 토의한다. 또한 학생 퍼실리테이터를 양성하여 학급 내 소집단 서클을 운영하도록 책임을 맡겼다. 서클을 통해 학생들은 자신의 일상생활을 공유하고, 학생자치활동을 스스로 계획하며 서로 의견을 존중하는 법을 자연스럽게 배웠다.

서클은 학생들 사이에 갈등이 일어났을 때도 효과적인 역할을 한다. 사소한 학교폭력, 따돌림 같은 현상은 이 회복적 서클을 통해 대부분 해결한다. 이때 사소한 갈등의 경우엔 피스 파인더(peace finder)라 부르는 또래 조정자가 학생들 입장에서 갈등을 해결하는 역할을 한다. 때로는 학부모들이 학생들 사이 갈등을 중재하는 역할을 하기도 하고, 심각한 상황에서는 교사, 상담사 등이 개입하여 문제를 해결한다.

학생들만이 아니라 교사와 학부모와도 각종 서클을 진행했다. 이를 통해 서로의 내면과 의견을 솔직히 표현하며 위로하고 격려한다. 아무리 어려운 문제라도 집단지성으로 해결해나간다. 이처럼 서클은 서로 존중하는 문화와 회복적 교육이 뿌리내리는 튼튼한 토양으로 자리했다. 나아가 공동체적 의식과 학교 민주주의를 성숙시키는 든든한 자양분으로 작용했다.

경청으로 이루어지는 관계 맺기와 '관계수업'

교사와 학생, 학생과 학생 사이의 좋은 관계성도 중요하다. 좋은 만남은 대화적 관계로부터 시작된다. 알다시피 대화는 '말하기'와 '듣기'로 이루어져 있는데, 말하기와 듣기 중에서 더 중요한 것은 바로 '듣기'이다. 상대방의 말을 잘 경청하려는 태도가 좋은 관계의 출발인 것이다. 그러려면 교사부터 '듣기'를 잘해야 하는데, 우리 교사들은 '말하기'에 더욱 특화되어 있다.

교육이 잘 이루어지는 교실은 "저요, 저요!" 하며 적극적인 학생 몇 명이 발표하며 수업을 주도하는 것이 아니라 서로 잘 들어주는 관계가 형성해 있는 차분한 분위기가 흐른다. 이런 교실에서는 어떤 학생이든 자기가 잘 모른다는 사실을 부끄러워하지 않고 편하게 말할 수 있다. 또한 자기가 공부를 잘한다고 자랑하지 않고 다른 친구를 도와줌으로써 자신도 도움을 받을 수 있다는 사실을 깨닫는 분위기가 깔려 있다.

이러한 교실을 만들려면 무엇보다 서로의 의견을 잘 경청하고, 머뭇거리거나 더듬거리더라도 그것이 놀림감이 되지 않고 존중받는 분위기가 조성돼야 한다. 배움이 느리거나 소수의 의견을 가졌더라도 배제되지 않고 토론에 참여할 수 있는 분위기 말이다. 이런 대화 분위기가 전체 학급에 형성되려면 교사부터 '듣기의 전문가'가 되어 솔선수범해야 한다. 이런 관계가 '배움의 공동체'로 가기 위한 전제조건이다.

덕양중학교에서는 학년 초마다 '관계수업'을 진행했다. 학생들이 다른 학생들의 마음을 잘 읽어내고 공감하며 좋은 관계를 맺을 수 있도록 훈련하는 수업이다. 이런 관계가 잘 형성되어야만 '모둠활동' 같은 협력수업이 효과를 발휘할 수 있다. 그래서 매년 3월 첫 주 본격적인 교과 진도를 나가기 전에 학급별로 관계수업을 진행했는데, 매우 긍정적인 효과를 나타냈다.

학생들은 타인의 감정에 대해 공감하는 것이 얼마나 중요한지 깨달았고, 상대방의 말을 잘 경청하며 자신의 감정을 올바로 표현하는 방법을 터득했다. 이를 통해 타인을 존중하고 갈등을 해결하며 서로를 배려하는 관계를 맺게 된다. 더불어 경청하는 분위기가 자연스레 형성돼 모둠토의, 협력수업도 원활하게 이루어질 수 있었다. 다음은 학년 초에 실시한 관계수업 학습 활동지이다.

〈학년 초 관계수업 학습 활동지〉

학습지 :

관계수업 :

학년 반 이름 :

상황 1. A는 4교시 끝나면 바로 B에게 다가와 급식을 먹자고 하지만 B는 매번 A 하고만 밥을 먹는 게 불편하다. A가 싫은 건 아니지만 더 많은 친구들을 사귀고 싶은데 A 때문에 그럴 수 없는 게 부담스럽다.

상황 2. A와 B는 학교 짝꿍이다. A는 B의 물건을 빌려가서 잃어버리거나 말없이 가져가서 교실 바닥에 내팽개치는 경우도 있다. B는 A에게 다시는 물건을 빌려주지 않겠다고 말하고 A는 친구끼리 너무 까칠하게 구는 B가 이해되지 않는다.

상황 3. 수행평가를 위해 모둠활동 팀을 정해야 한다. A는 공부 잘하고 수행평가도 열심히 하는 B와 같은 조가 되어 좋았지만 막상 B는 노력하지 않고 매번 무임승차 하려는 A와 같은 팀이 되어 앞으로 어떻게 역할을 분담해야 할지 막막하다.

상황 4. 교실 쉬는 시간. A는 B에게 다가가 친해지고 싶은 마음에 팔을 툭툭 건드리며 장난을 건다. 하지만 B는 전날 잠도 설쳤고 자꾸만 친한 척하는 A가 귀찮기만 하다. A는 계속 말을 걸어오지만 B는 조용히 책을 읽거나 자고 싶다.

상황 선택 :

나의 역할 :

1. 그 상황에 나타난 A와 B의 욕구는 무엇일까요?

A

B

2. 그 상황을 해결하기 위한 적절한 표현 방법과 태도는 무엇일까요?

3. 2번에 적은 내용을 바탕으로 역할극 대화를 작성해보세요.
모둠 안에서 두 사람이 역할극을 해보고, 다른 학생은 더 올바른 표현과 태도가
무엇일지 그 내용을 수정해보세요.

4. 역할극을 통해 배운 점이나 느낀 점을 적어보세요.

아이들 스스로 만들어가는 학교

'모둠수업'으로 협력하고 배려하고
경청하는 공동체

　　　　　　"한국 학생들은 하루 10시간 이상을 학교와 학원에서 보냅니다. 미래에 필요하지도 않을 지식을 쌓기 위해서 말입니다. 지금의 한국 교육은 공장에서 단순히 물건을 찍어내는 일을 할 인력을 만드는 일에 불과합니다."

한때 한국의 놀라운 성장 속도에 찬사를 보냈던 미래학자 앨빈 토플러(Alvin Toffler)가 2008년 서울에서 열린 '아시아태평양포럼'에서 했던 지적이다. 세계는 빠르게 변화하고 있는데, 우리나라의 교육은 암기하고 문제 푸는 것에 급급한 개발독재 시대의 패러다임에서 여전히 벗어나지 못하고 있다는 뼈아픈 일침이었다. 안타깝게도 앨빈 토플러의 일갈은 2020년인 지금도 현재 진행형인 것 같다.

덕양중학교에서는 학생들의 공감능력, 협력, 존중을 통한 '모둠수업'을 지향하고 있다. 학년 초에 진행한 '관계수업' 토대 위에서 모둠토의, 협력수업을 통해 '배움의 공동체'로 나아가는 과정이 수업의 진정한 목표가 된다. 이를 통해 학생들은 잘 모르는 학생도 편안하게 물어보는 관계, 다른 학생이 말할 때 경청하기, 모든 학생이 공평하게 발언할 수 있는 관계, 서로 배려하는 관계를 형성하도록 하고 있다. 즉 '수업에서 형성되는 관계성'을 가장 중시한다는 점이 다른 학교 수업들과 차이 나는 두드러진 특성이다. 이런 '배움의 공동체' 수업 원칙은 공개수업에 참관한 교사들이 작성하는 참관록에도 잘 드러난다.

일반적인 참관록은 '교사의 가르치는 행위'에만 주목한다. 예를 들어 "수업의 목표를 명시적으로 제시하였는가?", "도입-전개-결말의 구조를 갖추었는가?", "판서는 구조화되어 있는가?" 같이 교사의 행동을 체크리스트를 통해 점검하고 점수를 부여하는 방식이다.

그러나 덕양중학교 공개수업 참관록 내용은 "교사와 학생 간 관계는 어떤가요?", "교사의 학생에 대한 기다림은 어떤가요?", "전반적인 모둠 분위기(경청, 존중, 협력관계)는 어떤가요?" 같은 '관계성'이 중심이다. 이 가운데 특히 중요하게 여기는 것은 '교사의 학생에 대한 기다림'이다. 일반적으로 교사들은 학생들을 기다려주지 못한다. 학생들에게 질문하고 나서 3초도 기다리지 못하고 교사가 바로 답을 말하고 진도 나가기에 급급하다. 그러나 교사와 학생 사이에 배움의 관계가 형성되려면, 교사가 학생들을 기다려주면서 반응에 경청하는 모습을 보여야만 한다.

참관록의 수업 흐름(배움, 공유, 표현) 난에는 "어느 지점에서 배움이 일어나고, 어느 지점에서 배움이 주춤거리나요?", "배움을 이끌어내는 요소는 무엇인가요?", "표현과 공유 활동은 어떤가요?" 같이 학생들에게 실질적인 배움이 일어나는지를 중요하게 여긴다. 교사가 아무리 열심히 준비해도 학생들이 수업을 함께 느끼고 공유하지 못한다면 아무런 소용이 없기 때문이다. 그래서 '표현과 공유'를 중요하게 여긴다. 학생들이 자신들의 생각을 자유롭게 표현하고, 모둠별로 나눈 이야기를 전체 학생들과 공유하는 과정을 통해 '자기 자신과의 만남', '타인과의 만남', '세계와의 만남'이 이루어질 수 있도록 하기 위해서이다. 수업을 참관하는 교사들도 학생들이 서로 잘 들어주고 도움을 주고받으며 문제를 해결하는지, 교사들이 학생들의 의견을 서로 연결시키면서 각자의 생각을 공유하는지 그 과정을 면밀히 관찰한다.

그런데 배려와 협력, 경청과 기다림 같은 관계성에만 초점을 둔 나머지 학업은 제대로 이루어지지 않을 것이라 오해하는 분들이 많다. 그것이 기우라는 것은 국가학업성취도 평가 결과에도 자명하게 드러나고 있다.

국가학업성취도 평가 결과를 보면 혁신학교를 시작했던 2009년에는 국어 과목에서 중학생 수준을 따라가지 못하는 기초학력 미달이 12.3%에 달했지만 2011년부터는 0%로 없어지고, 대신 보통학력 이상 우수자가 2009년 31.6%, 2012년 76.5%, 2015년 90.2%로 올라갔다.

수학 과목도 혁신학교 이전에는 30% 이상이 수학을 포기하는 분위기였다. 그러나 2012년부터는 기초학력 미달자는 크게 줄어드는 대신 보통학력 이상의 우수자가 2012년 44.1%에서

<국가 학업성적 성취도 평가 결과>

국어(단위 %)	2009	2012	2015
기초학력 미달	12.3	0	0
기초학력	56.1	23.5	9.8
보통학력 이상	31.6	76.5	90.2
수학(단위 %)	2009	2012	2015
기초학력 미달	31.6	0	1.7
기초학력	45.6	55.9	26.2
보통학력 이상	22.8	44.1	72.1
영어(단위 %)	2009	2012	2015
기초학력 미달	28.1	5.9	1.6
기초학력	43.9	50	27.9
보통학력 이상	29.8	44.1	70.5

72.1%로 높아졌다.

영어 과목도 혁신학교 이전에는 기초학력 미달 학생이 28.1%에 달했지만 2012년과 2015년 평가에서는 5.9%와 1.6%로 줄어드는 대신 보통학력 이상 우수자가 2012년과 2015년에 각각 44.1%와 70.5%로 늘어났다.

이와 같은 객관적인 데이터를 통해 드러나는 것은 학업성취도 역시 개인적인 문제풀이와 경쟁만능의 수업 방식보다 모둠수업이 더욱 효과적이라는 것을 증명한다. 또한 모둠수업이야말로 창의력, 잠재력은 물론 학생 개개인이 능동적으로 수업에 참여하는 자기개발 능력에도 훨씬 효과적이라는 것을 보여주고 있다. 심지어 지금은 폐지된 일제고사에서도 덕양중학교는 놀라운 성과를 보였다. '보통학력 이상' 비율이 2009년에 비해 2015년에 세 배가량 향상되었다.

밀어주고 끌어주고 보듬어주며 함께 가는 모둠수업

내가 덕양중학교에 재임하던 시절에 틈틈이 올렸던 홈페이지 '학교장 이야기'에는 모둠수업 시간에 일어난 한 학생의 변화가 잘 나타나 있다.

1모둠에 있던 두 아이 중 하나인 홍지은 학생이 따뜻한 미소를 머금고 차분하게 김동현 학생에게 풀이 과정을 설명해주며 도움을 요청할 때마다 마치 큰누나가 동생에게 공부시키듯이 잘 도와주었습니다. 김동현 학생 역시 설명을 듣는 내내 자신감의 눈빛을 찾아갔습니다.

이윽고 수학 선생님인 오국환 선생님이 동현에게 칠판에 나와서 풀어보라고 하자 동현은 기다렸다는 듯이 나가서 문제를 풀고 모둠으로 돌아와 앉았습니다. 잠시 후 "잘 풀었어!"라는 오국환 선생님 특유의 절제되고 무뚝뚝한 짧은 칭찬과 함께 학급 친구들 모두가 "와!" 하는 놀라운 함성이 터져 나왔습니다. 이때 동현이도 미소를 머금고 기쁨이 충만한 표정을 짓고 있었습니다.

이 장면이 아름답고 감격스러웠던 것은 지난해까지만 해도 김동현 학생이 공부를 좋아하지 않고 열심히 모둠활동에 참여하지 않았던 학생이었기 때문입니다. 그래서 다른 교과 선생님들도 '수학시간에 과연 동현이가 잘 참여할까.' 내심 걱정을 많이 했다고 합니다. 그래서인지 자신의 수업시간에 동현이의 모습을 보아온 선생님들은 더 놀라고 감격스러워했습니다. 어떤 선생님은 가슴이 뭉클해져 눈물을 글썽이기까지 했답니다.

이것이 중3 수학시간 이차방정식을 공부하는 과정에서 생긴 풍경의 한 장면입니다. 수업 기술이나 텍스트가 무엇인가보다 더 근원적으로 중요한 것이 있습니다. 바로 관계입니다. 교사-학생, 학생-학생 간의 좋은 관계가 형성되는 것이 중요합니다. 그러한 관계 위에 배움의 활동이 풍부하게 일어나고 다양한 경험을 할 수 있도록 수업을 설계하면 어떤 시간에 어떠한 주제를 가지고 공부한다 해도 아이들에게서는 기쁨, 감사, 배려, 존중, 자신감, 화해, 용서가 일어날 수 있습니다.

이번 수학 수업이 그것을 증명해보였습니다. 자존감도 회복될 수 있습니다. 우리 덕양중학교 선생님들의 열정과 자신의 수업을 소중히 여기며 사랑하는 마음을 존경합니다. 아이들과 좋은 관계를 만들어가려는 노력을 칭찬하고 싶습니다.

직접 민주주의를 체험하는 생활협약서와
아고라 대토론회

학생이 교육의 주체라는 말은 단순히 수사에 그쳐선 안 된다. 덕양중학교는 혁신학교가 되면서 학생과 교사, 학부모가 모두 참여하는 가운데 새로운 학칙을 제정했다. 과거의 규제나 통제의 느낌이 묻어나는 '학칙' 대신 '생활협약서'라는 용어도 붙였다.

덕양중학교 생활협약서를 위해 먼저 학생들이 학급회의에서 치열하게 토론을 시작했다. 학생회에서는 학급별 회의 결과를 모아 또다시 토론을 하고 생활협약서 초안을 만들었다. 그렇게 학생들이 만든 생활협약서 초안을 놓고 학생 대표, 교사 대표, 학부모 대표 그리고 전교생이 모두 모이는 '덕양 아고라' 대토론회를 통해 마침내 '덕양중 생활협약서'를 제정했다.

이렇게 제정된 덕양중 생활협약서 앞부분에는 세 가지 원칙이 나온다. ①나와 타인의 배울 권리 존중 ②차이에 대한 인정 ③존엄을 지키기 위한 노력이 그것이다. 이 세 가지 원칙이 덕양중 생활협약서의 기본 철학인 것이다.

기본 철학 이외에 네 번째 조항인 '학교 공동체를 지키기 위한 일상의 약속'이 흔히 말하는 학칙에 해당하는데, 이 또한 이전 학교에서 흔히 발견할 수 있었던 '규제'가 최소화되어 있다는 점이 두드러진다. 예를 들어 두발에 대한 규정은 아예 없다.

덕양중학교 학생들은 머리를 길게 기르든 염색을 하든 아무런 규제를 받지 않는다.

인상적인 내용 중에 "교복을 기준으로 하되, 학생 대표가 참여하는 교복선정위원회에서 제시하는 가이드라인을 따른다."는 조항이 있다. 양말, 신발까지 세부적으로 정해놓은 학교에 비해 훨씬 자율적인 것이다. "색조화장은 학생들의 자율에 맡기되, 선생님의 지도가 있을 경우 따르도록 한다."는 약속도 요즘 학생들의 요구에 맞추되 지나친 화장을 할 경우 교사가 개입하도록 하고 있다.

학생들 스스로 정한 약속도 있다. "학교 내에서는 자전거를 타지 않는다."는 교내에서 안전사고를 예방하기 위해 학생들 스스로 정한 약속이다. "교내에서 이성 간의 신체적 애정표현을 하지 않는다."는 약속도 이성 교제라는 자유를 인정하되 다른 학생들에게 심리적 불편함을 주지 않으려는 배려심이 반영되었다. 이처럼 덕양중 생활협약서에는 불필요한 통제를 없애는 대신 공동체의 평화를 위해 지켜야 할 약속을 학생들 스스로 참여해서 만들게 했다. 자신들의 필요에 의해, 주체적으로 참여해서 만든 약속이기에 강요하지 않아도 자연스럽게 지키려는 책임의식이 발동한다.

생활협약서는 매년 제대로 지켜졌는지 평가하고 문제가 발생하면 개정하는 작업을 거친다. 1학년 입장에서는 3학년 졸업생들이 만든 협약서를 자신들이 만든 약속이라 인정하기 어렵기 때문에 점검하고 개정하는 작업을 반복하는 것이다. 이 작업은 학급별로도 이루어지고 전교생이 모두 모인 자리에서도 이루어진다.

학교를 학업이나 성적의 잣대만으로 평가한다면 이렇듯 주기적으로 협약서를 개정하기 위해 전교생이 모여 토론한다는 게 번거롭고 불필요한 절차로 보일지도 모르겠다. 그러나 전교생이 모두 모여 학교 현안을 토론하는 '덕양 아고라'야말로 학생들이 '자치입법의 원리'를 구현하는 장치이다. 이런 과정 자체가 학생들이 교육의 주체로 참여하고 민주주의를 자연스럽게 몸으로 익히고 체화함으로써 자유와 책임의 원리를 익히는 산 교육의 장인 것이다.

덕양중학교에서는 생활협약서 개정 문제 이외에도 중요한 안건이 생길 때마다 전교생이 때로는 다목적실에서, 때로는 운동장에서 둥글게 모여 앉아 토론에 참여한다. 학생 대표 2인, 교사 대표 2인, 학부모 대표 2인이 토론을 진행하고, 학생 대표, 교사 대표, 학부모 대표는 각기 학생회와 교직원회, 학부모회에서 논의한 결과를 모아 토론을 진행한다. 토론이 진행되는 중간중간 사회자가 전교생 누구에게나 발언권을 준다.

학생, 교사, 학부모가 참여하는 직접민주주의의 현장

2019년 열린 아고라 대토론회의에서 교복과 관련된 협약을 개정하는 문제가 안건으로 올라왔다. "복장은 현재 정해진 교복을 기준으로 하되, 학생 대표가 참여하는 교복선정위원회에서 제시하는 가이드라인을 지킨다."는 약속을 개정하는 문제였다. 개정에 대한 의견이 제출된 것은 그 규정을 제대로 지키는 학생이 1/3 정도밖에 안 될 정도로 유명무실해졌기 때문이었다. 세부적인 가이드라인 내용은 "교복은 하의와 셔츠 착용을 기본으로 한다. 동복 하의 대신 진한 바지를 입는 것을 허용한다. 상의는 반드시 교복을 착용해야 한다. 교복 위에 외투를 입는 것은 허락하지만 외투 안에는 교복을 입어야 한다. 체육복을 입고 등교할 때는 트레이닝복이 아니라 덕양중 체육복만 허용한다."로 되어 있었다.

그런데 흥미롭게도 이 안건에 대해 교사들은 "유명무실해진 교복을 폐지하자."는 의견이 70%였던 반면 학생들은 "현재 규정대로 교복을 입자."는 의견이 70% 정도 나왔다. 이를 두고 치열한 토론이 벌어졌다. 교사들은 교복 자체가 구시대적 발상이라는 점, 정장 스타일의 교복이 학교생활에 매우 불편하다는 점, 교사와 학생 사이에 불필요한 갈등이 생겨난다는 점 등을 들어 "교복을 없애자."는 데 압도적으로 찬성했다. 반면 학생들은 교복과 사복을 자유롭게 입게 해달라는 의견이었고, "어차피 교복을 입든 사복을 입든 그것이 허용되기 때문에 굳이 현행 규정을 없앨 필요가 없다."는 쪽으로 기울었다. 이런 학생들의 논리는 사실 모순이다. 규정이 지켜지지 않는데, 규정을 없앨 필요가 없다고 말하고 있기 때문이다. 그럼에도 또 다른 학생은 "사복을 입는 것에 찬성하되 적정선은 만들어야 한다."고 강조했다. 즉 짧은 치마, 찢어진 바지 등까지 허용해서는 안 되고 적절한 규제가 필요하다는 것이다.

교사들은 학생들의 모순된 논리 속에서 그들의 숨겨진 욕망을 읽어냈다. 학생들은 "사복을 입고 싶어 하면서도 정장 스타일의 교복 또한 갖고 싶어 한다."는 상반된 욕구를 가졌던 것이다. 이런 학생들의 숨겨진 욕망을 감안해서 교사들이 제시한 대안은 두 가지였다. "정장 스타일의 교복을 유지하되 학교에서 교복을 입든 사복을 입든 학생의 자유에 맡기자."는 것이 첫 번째 대안이었고, "정장 스타일의 교복이 다양한 활동 수업 등에 지장을 주어 학교생활에 불편함을 주니 '청바지에 후드티' 정도를 교복으로 정하자는 것"이 두 번째 대안이었다.

그날 토론은 경기도에서 교복을 무상으로 지급하겠다는 정책에 대한 이야기로 인해 전혀 다른 국면으로 흘러갔다. 즉 "교복이 무상으로 지급되는데 굳이 없앨 필요가 있는가?" 하는 의견부터 "그렇다면 청바지에 후드티를 교복으로 정해서 무상으로 지급받자."는 대안에 이르기까지 수많은 의견이 제시되었다.

아고라 대토론회를 지켜보며 내가 흐뭇했던 것은 그 토론이 이끌어낸 결과가 아니었다. 아고라 대토론회 내내 서로가 서로의 의견을 경청하고 때론 상대를 설득하기 위해 노력하고, 그 과정에서 상대에 대한 이해와 더 나은 대안이 지속적으로 도출되었다는 점이었다. 이러한 과정을 통해 학생들이 직접민주주의를 실현해가고 있으며 학교 공간이 성숙한 민주주의의 장소로 뿌리내렸다는 점이 더없이 뿌듯했다.

민주주의가 성숙하려면 구성원들 각자가 깨어 있는 시민이 되지 않으면 안 된다. 그것은 청소년 시기부터 그들이 가장 많은 시간을 보내는 학교에서 배워나가야만 하는 것들이다. 덕양중학교 아고라 대토론회는 바로 그런 직접민주주의가 활짝 꽃피우는 장이면서 학생들 모두가 민주주의의 힘을 체감하는 성숙한 토론의 한마당이었다.

공부에서 배움으로, 학교 담을 넘어 드넓은 광장으로

언젠가 아이들이 열심히 땀을 흘리고 있는 농구장에서 놀라운 광경을 목격했다. 아이들이 농구 경기를 하는 우레탄 바닥과 관중석 갈라진 콘크리트 틈새에 민들레 한 송이가 예쁘게 피어 있었다. 눈으로는 아이들이 농구하는 모습을 보고 있었지만 마음속으로는 여리고 가냘픈 식물이 가진 놀라운 생명력에 감탄하며 앉아 있었다. 그러다가 문득 몇 년 전에 졸업한 종민이를 떠올렸다. 지금은 의젓한 청년으로 성장한 그 아이도 친구들과 농구하며 뛰어놀기를 좋아했다. 문득 종민이의 삶이 마치 갈라진 콘크리트 틈새에서 꽃피운 민들레를 닮았다는 생각이 들었다.

단단한 콘크리트 틈새에 뿌리를 내린 민들레에게는 무더운 여름날 운동하고 난 아이들이 머리에 뿌린 물이 목마름을 적셔주었을 것이다. 농구장 옆을 지나는 배수로에서 올라오는 습기도 건조한 땅을 적셔주었을 것이다. 고맙게도 비가 내리는 날이면 말랐던 목을 충분히 축여주었을 것이다. 그 척박한 땅에서 피어난 민들레는 결코 혼자가 아니었다. 알게 모르게 제공되는 크고 작은 도움으로 민들레는 꽃을 피울 수 있었던 것이다.

종민이는 엄마, 아빠가 아닌 할머니 품에서 자랐다. 학교에서는 선생님들의 따뜻한 보살핌을 받았고, '씨드 스쿨(Seed School)' 같은 많은 프로그램을 친구들과 함께했다. 마을 어른들과 할머니 주변 분들도 알게 모르게 많은 도움의 손길을 내밀었다. 그런 도움이 있었기에 어려운 환경에서도 종민이는 건강하게 자라 중학교를 졸업할 수 있었다.

우리 아이들에게는 그런 따뜻한 공동체가 필요하다. 친구, 선생님, 동네 형이나 누나들, 마을 어른들 같은 울타리는 마치 민들레가 콘크리트 틈새라는 척박한 환경에서도 활짝 피어나듯 아이가 건강한 인격체로 자라나는 데 꼭 필요한 수분과 영양소이다. 그런데 요즘 우리나라 청소년들은 입시라는 거대한 장벽으로 인해 너무나 단절된 삶을 살아가고 있다. 어린 시절부터 대학입시에 내몰리며 '고립된 아이들(Isolated Kids)'로 자라난다. 입시라는 절대과제 앞에 그 나이에 경험해야 할 사랑이나 우정, 연대감 등을 경험할 기회 자체가 원천적으로 차단된다.

그러다 보니 주어진 정답은 잘 맞힐지 몰라도 따뜻한 감성이나 창의력, 관계형성능력, 자기통제력 같은 미래사회를 살아가는 데 꼭 필요한 능력은 부족한 게 현실이다. 무엇보다 어린 시절부터 입시 프로그램을 위해 꽉 짜인 스케줄에 쫓기듯 살다 보니 공감능력에 심각한 문제를 안고 있다.

우리 아이들이 건강하게 자라기 위해서는 놀이터에서 마음껏 뛰어노는 시간이 필요하다. 친구들과 함께 운동하는 시간, 웃으며 이야기하는 시간, 스스로 여행 계획을 세워 실천해보는 경험, 학교 축제를 기획하고 참여해보는 일, 어려운 이웃에게 도움의 손길을 내밀어보는 봉사활동 경험, 친구들과 함께 질문하고 답하면서 공부해보는 경험, 내가 좋아하고 의미 있는 일에 몰입하는 시간 등이 꼭 필요하다. 이런 경험을 통해서 자신의 숨겨진 재능과 잠재력을 찾을 수 있고, 진정한 행복이 무엇인지 어렴풋이 깨달을 수 있기 때문이다.

아이들이 자라야 할 곳은 특권의식이나 우월의식을 키워내는 곳이 아니라 자기가 가진 것을 함께 나누며 살아가는 공동체여야 한다. 그런 건강한 공동체 안에 있을 때 힘든 일이 있어도, 넘어야 할 커다란 장벽이 있어도 절망하지 않고 꿋꿋하게 자라날 수 있다. 콘크리트의 갈라진 틈새에서 자라난 민들레처럼 말이다.

1박 2일 평화기행으로 훌쩍 성장한 아이들

덕양중학교에서는 학생들의 '공부'가 아닌 '배움'을 위하여 특별한 체험활동을 매년 진행했다. 특히 덕양중학교의 교육 과정이 '평화교육 과정'을 표방하고 있기에 창의적 체험활동의 뿌리 역시 '평화교육'이다. 수학여행은 '평화기행'이고 봉사활동은 '평화봉사'가 되며 이러한 정신을 살리기 위해 학년 초에 모든 교사가 자기 학급을 대상으로 '평화감수성 수업'을 진행한다.

'평화감수성 수업'은 눈을 안대로 가린 학생을 앞으로 초대하고 3~4명의 학생이 둘러싼 뒤 예측하지 못한 순간에 밀치고 나서 밀친 학생과 밀쳐진 학생의 소감을 나누고 평화의 개념을 생각하고 재구성하는 순서로 진행된다. 이런 수업을 통해 학생들은 일상생활 속에서 만날 수 있는 폭력적 상황을 그냥 지나치는 게 아니라 평화적 상황으로 바꾸어낼 수 있는 평화감수성을 기르게 된다. 그리고 이런 평화감수성이 덕양중학교 평화교육 과정과 회복적 생활교육의 뿌리가 된다. 나아가 학생들은 학교 밖으로 평화를 찾아 나서며 평화로운 세상을 일구는 데 보탬이 되는 작은 실천을 해나간다.

'평화기행'은 그 바탕이 되는 프로그램인데, 일반적인 소풍이나 수학여행과는 조금 다른 프로그램이다. 학생들 스스로 모든 프로그램을 직접 기획하고 실행하며 평화역량을 기르는 과제를 수행한다. 학생들은 직접 평화기행을 기획하면서 수업시간에 배운 내용을 바탕으로 한 지역을 선정한다. 그 지역에 대한 역사를 탐방하거나 자연을 감상하거나 친구들과 함께 우정을 나누는 프로그램들을 기획한다. 학생들이 제출한 기획서 중에 우수한 프로그램을 게시하고 여기에 참여할 학생들을 모집한다. 1년차는 학급에 상관없이 팀을 구성하고, 2년차는 학급 안에서 팀을 구성하고, 3년차는 전교생 모두 제주도에 가서 반별로 프로그램을 진행한다. 이렇게 덕양중학교 학생들은 3년 동안 다양한 평화기행을 체험하며 평화역량을 길러낸다.

내가 부임 2년차를 맞이했던 2013년에는 최종적으로 12팀의 계획서가 공모에 선정되어 팀별로 인원 제한을 두지 않고 희망자는 모두 함께 가기로 하였다. 소통과 성장을 위한 의미 있는 여행인 만큼 휴대폰도 소지하지 않고 친구들과 대화하며 가을의 아름다운 자연을 감상하고 지역문화를 탐방하는 시간을 갖기로 했다. 기획부터 준비 과정은 물론 팀 이름도 학생들이 자유롭게 지었는데, 모두 개성 넘치는 '끼'를 엿볼 수 있는 이름들이었다. '겸 엔터테인먼트(남양주 슬로시티)', '준샘과 아이들(용문산)', '콩밥천국(강화 석모도)', '할렐루야(강화도)', '온새미로(충남 아산 휴양림)', '해피투게더(순천만)', '우가자가(우리 가평 가자! 자전거 타고 가자!)', '곰곰별(곰배령 트래킹)', '헝그리경주(경주)', '딤채 계란(강릉 경포대)', '아잉홍헹훙(춘천)', '파워레인저(춘천 평화공원)' 등이었다.

선생님들은 '동행교사'라는 이름으로 학생들의 안전과 보호자로서의 역할만 할 뿐 모든 진행과 결정은 학생들 스스로 이끌어가도록 했다. 처음 계획 단계에서는 부모님도 팀당 한 분씩 동행하기로 했으나 독립적인 추진을 희망하는 학생들의 의견을 반영하여 학교에 대기하고 있다가 응급 상황이나 팀별 도움 요청이 있을 경우에만 도와주기로 했다.

모든 팀이 다 대견하면서도 걱정스러웠지만 그중 '우가자가' 팀이 특히 마음 쓰였다. 경기도 가평까지 무려 100킬로미터에 달하는 거리를 자전거로 여행하겠다는 계획이라 무엇보다 안전이 걱정스러웠다. 하지만 교사들은 아이들을 믿어보기로 했다. 힘든 여정이겠지만 그래서 더욱 많은 것을 배우고 깨달을 것이라 기대한 것이다.

대부분의 학생들 자전거 상태가 썩 좋은 편이 아니었지만 특히 승진이라는 아이의 자전거 상태가 염려스러울 지경이었다. 승진이에게 물어보니 며칠 전 아버지께서 헌 자전거를 구해 수리해주셨다는 대답이 돌아왔다. 자전거 전용도로로 가는 여행이고 너무 힘들면 경춘선 지하철을 탈 수도 있겠거니 여기며 아이들을 믿어보기로 했다.

아이들은 학교를 떠나 오후 4시 정도면 도착할 것 같았던 숙소에 경찰차 호송을 받으면서 밤 10시 30분경 도착했다는 소식을 전했다. 아이들은 앞서 가다가도 승진이가 보이지 않으면 돌아보면서 멈추고, 또 달려가다 뒤돌아보고 안 보이면 모두 함께 승진이를 기다리면서 가평까지 가다 서기를 반복한 것이다. 100킬로미터에 이르는 긴 구간을 친구와 함께 가기 위해 참고 기다려주고, 또 포기하지 않은 아이들이 너무도 기특했다.

'우가자가' 팀은 이튿날 오후 4시쯤 경춘선 열차를 타고 무사히 학교에 도착했다.

"정말 수고했다. 어땠어?"

내 질문에 한 아이가 대답했다.

"국토대장정보다 훨씬 힘들었지만 평생 잊지 못할 추억이 될 거예요."

또 다른 아이가 웃으며 대답했다.

"허벅지가 많이 아프지만 참 재미있었어요."

자전거가 말썽이었던 승진이에게도 물어보았다.

"승진아! 그 자전거 괜찮아?"

"네! 이젠 적응이 되었어요. 괜찮아요."

대답하는 아이의 얼굴에 환한 미소가 퍼졌다.

1박 2일에 불과한 시간인데도 평화기행을 하는 동안 훌쩍 성장한 아이들의 모습이 보였다.

요즘 부모들은 자녀들을 놓아주지 못한다. 물론 부모 눈에는 여전히 어린아이겠지만 중학생이 되면 자녀가 이미 어른이 되어가고 있다는 것을 인정해야 한다. 부모는 자녀가 스스로 계획하고 실천하고 자신이 한 일에 대해 책임질 수 있는 기회를 주어야만 한다. 성공 경험뿐만 아니라 실패 경험도 아이를 크게 성장시킨다. 한국의 많은 부모는 좀처럼 그 사실을 인정하지 못하고 불안해한다. 그렇게 자라난 자녀들은 부모에게 의존적이며 이기적인 아이가 되기 십상이다. 자녀가 올바르게 성장하도록 하기 위해서는 스스로 계획하고 실천하고, 때론 넘어져 보기도 해야 한다는 걸 이제 부모들도 받아들여야만 한다.

민주주의와 평화의 소중함을 배우는 봉사활동

봉사활동 또한 학생들이 학교 울타리를 벗어나 세상을 이해하는 데 많은 도움을 준다. 흔히 '봉사'라고 하면 남들이 하기 싫은 일을 도맡아 하는 것, 나보다 어려운 사람에게 선행을 베푸는 것으로 착각하기 쉽다. 그러나 진정한 봉사란 타인의 아픔을 공감하고 그들을 위해 자신이 할 수 있는 일을 찾아나서는 것, 더욱 따뜻하고 아름다운 세상을 만들기 위해 내 시간과 노력을 기꺼이 내어주는 것이다. 따라서 봉사활동은 타인에 대한 따뜻한 애정, 인간의 존엄성을 훼손하는 사회에 대한 비판의식, 보다 나은 세상을 만들어가는 사회적 실천 속에서 이루어져야 한다.

덕양중학교의 봉사활동은 '이웃(1학년)', '어울림(2학년)', '노란 나비(3학년)'라는 주제를 중심으로 범교과적 통합 교육 과정과 창의적 체험활동을 연계하여 이루어진다. 3학년 전교생이 참여하는 '노란 나비' 프로젝트 활동은 역사, 사회, 국어 수업시간에 '일본군 위안부' 문제를 중심으로 전쟁과 인권에 대해 깊이 있는 학습을 하고, '전쟁과 여성 인권 박물관' 탐방과 '수요집회'에 참가하는 사회참여활동으로 이어진다.

역사 시간에는 '일본군 위안부 강제동원' 사건의 역사적 배경과 참상, 이를 둘러싼 쟁점을 학습한다. 위안부 문제는 단순히 일본과 한국 사이의 민족적 갈등으로 이해하면 안 된다. 전쟁이라는 반평화적 상황, 대량학살의 상황에서 자행되었던 사회적 약자의 인권을 철저히 유린한 사건이며 지금도 발생하고 있는 사회적 현안이다. 그러므로 역사 수업에서는 이 사건을 민족적 감정을 자극하는 방식이 아니라 인류 역사의 흐름 속에 자행되어 왔고 지금도 현재 진행 중인 인권 유린 사건으로 다루었다.

사회 시간에는 인권 보장의 역사에 대해 폭넓게 다룬다. 인류의 역사 속에서 끊임없이 확대해온 인권 보장의 흐름과 결정적 계기가 된 사건을 확인하며 〈세계인권선언문〉을 읽고 인권 보장의 역사에 대해 배우도록 한다. 이런 학습 활동을 통해 학생들은 인권 보장의 역사를 과거가 아닌 현재의 문제로 인식하고 우리 시대 인권 문제에 대해 생각해볼 기회를 갖는다.

국어 시간에는 '전쟁과 여성 인권' 문제를 다룬 소설 작품을 읽고 작중 인물이 겪어야 했던 고통을 생생하게 경험하며 이를 자신의 문제로 받아들이게 한다. 특히 일본이 한국에서 저질렀던 만행 못지않게, 한국이 베트남전쟁에서 저질렀던 과오에 대해 깊이 성찰하게 한다. 최은영 소설가의 〈신짜오 신짜오〉는 독일에서 만난 한국인 가족과 베트남 가족의 만남을 통해 우리나라 또한 전쟁의 가해자이기도 했던 부끄러운 역사를 성찰해보는 작품이다. 이런 작품을 함께 읽어봄으로써 위안부 문제를 단지 감정적이고 민족적인 차원에서 접근하는 것이 아니라 타인의 아픔에 폭넓게 공감해보는 시간으로 확장하게 된다. 특히 일제강점기 위안부 문제를 베트남전쟁의 프리즘으로 새롭게 바라보면서 '전쟁과 인권' 문제에 대한 깊이 있는 성찰과 토론을 진행했다.

이렇게 역사, 사회, 국어 시간을 통해 '전쟁과 여성 인권' 문제를 폭넓게 학습한 학생들은 자신이 배운 내용을 사회적 실천으로 확장하기 위한 봉사활동에 참여한다. 봉사활동 시간 역시 충분히 확보하여, 이틀 동안 전일제로 진행하도록 했다.

첫째 날에는 '전쟁과 여성 인권 박물관'에서 다양한 전시물을 견학하고 자세한 교육을 받는다. 둘째 날에는 손수 만든 피켓을 들고 안국역 주변에서 일본군 위안부 문제 해결을 촉구하는 캠페인을 진행한 후, 매주 수요일 12시에 진행하는 수요집회에 참가한다. 그리고 학생 대표가 준비한 연설문을 그 자리에서 낭독하는 시간을 갖는다.

덕양중학교의 평화교육 과정은 이처럼 학교에서 배운 평화교육이 사회적 실천으로 이어지는 과정을 범교과적 통합교육 과정과 창의적 체험활동을 통해 구현하고 있다. 존 듀이(John Dewey)와 마이클 애플(Michael Apple)이 말한 '민주적 학교'가 덕양중학교에서 구현되고 있는 것이다. 학생들은 단지 민주주의와 평화를 책으로만 배우는 것이 아니라 '마음의 습관'이자 '삶의 양식'으로 체화하면서 살아있는 민주주의를 배우고 익힌다.

학생들에 대한 평가가 성적과 입시에 매몰되지 않아야 하듯 배움의 장 또한 학교라는 좁은 울타리에 머물러서는 안 된다. 담쟁이가 울타리를 타고 넘어가듯 보다 넓은 세계로 배움 역시 뻗어나가야만 한다. 다양한 체험활동을 통해 학생들은 세계에 대한 인식의 폭을 넓히고 민주주의와 평화를 발전시키는 일꾼으로 든든하게 성장할 수 있을 것이다.

교사와 함께하는
상처 학교 테라피

덕양중학교에 부임했던 8년 동안 나는 학교 옆 원룸에서 자취를 했다. 월요일부터 금요일까지 학교와 자취방을 오가며 혼자 지내다 금요일 저녁에 아내가 기다리는 집으로 돌아가기를 반복했다.

그렇게 서른세 계절이 바뀌는 아침마다 해피콜을 듣고 일어나 하루를 준비했고, 학교 교문에서 무럭무럭 자라는 '땡감' 학생들과 하이파이브를 하고, 학교 공동체를 함께 일궈나갈 선생님들과 만나며 외로움보다는 기쁨과 설렘을 훨씬 더 많이 느낄 수 있었다.

내가 오롯이 학교생활에 전념할 수 있었던 가장 큰 힘은 아내였다. 아내는 나를 위해 일주일치 식사를 미리 마련해주었다. 떡과 계란과 마늘과 과일과 견과류로 이루어진 식단은 내 평생의 가장 건강한 아침 식사였다.

내가 자취하던 덕양중학교 옆 원룸에서 자택까지는 약 50킬로미터 거리이다. 금요일 퇴근 차량들로 도로가 막힐 때는 두 시간 반 정도가 소요된다. 사실 공모제 교장에 선정되고 나서 자취하기로 결심했을 때는 어느 정도 고생할 각오를 해야 했다. 그러나 시간이 갈수록 고생이라는 생각은 들지 않았다. 남는 시간 동안에는 틈틈이 책도 보고 공부도 하면서 나만의 시간을 가질 수도 있었다. 무엇보다 내 이런 모습을 학생과 교사와 학부모들도 인상적으로 지켜봐 주었다.

그들은 나를 권위만 내세우는 교장이 아니라 자기 삶의 열정을 다 바쳐서 학교 발전에 헌신하는 교장으로 인정해주었다. 교사와 학부모들도 '행복한 공동체'를 만들기 위한 학교 혁신에 함께해준 것이다. 그리하여 혁신학교 1기가 끝날 무렵 덕양중학교는 이전과 완전히 다른 학교로 변모해 있었다. 서울 근교나 다른 지역에 있는 학부모들이 오고 싶어서 자주 문의하는 학교가 되어 있었다. 교사들 사이에도 소문이 나서 일정 기간 채우고 떠날 날만 기다리던 학교에서 자원해서 오고 싶은 학교가 되어 있었다. 자연스럽게 의욕적이고 사명감을 갖춘 훌륭한 교사들이 부임하면서 덕양중학교는 훨씬 더 좋은 학교로 거듭날 수 있었다.

서른세 계절의 아침 인사, 항상 문이 열린 교장실

언젠가 TV 대담 프로그램에서 다른 선생님이 내게 물었던 적이 있다.

"학교에서 교장은 어떤 존재입니까? '○○ 같은 존재'로 비유하신다면."

나는 생각 끝에 대답했다.

"생각해보니 교장은 바람 같은 존재입니다. 따뜻한 바람이 부느냐 찬바람이 부느냐에 따라 학교라는 토양은 급격하게 변화하거든요. 교장이 앞장서서 따뜻한 바람을 계속 불어넣으면 아이들과 교사들의 얼어붙은 마음도 녹아 죽어 있던 나무가 살아나듯이 학교 전체가 다시 살아날 수 있거든요."

덕양중학교 학생들은 나를 '아빠'라고 부르며 스스럼없이 안기기도 했고, 어떤 학생들은 '핵인싸'라고 장난스럽게 부르기도 했다. 학생들의 태도를 바꾸어주는 것도 교장인 내 태도와 마음의 몫이었다. 교장은 학교를 봄날처럼 바꾸기도, 겨울처럼 얼어붙게도 하는 존재인 것이다.

사실 덕양중학교는 혁신학교가 되기 전에는 너무 춥고 거센 바람만 부는 동토의 왕국이었다. 학생들도, 교사들도 서둘러 따뜻한 바람이 부는 곳으로 탈출하고만 싶어 했다. 이처럼 척박한 유배지 같은 곳을 바꾸기 위해서 가장 필요한 건 따뜻한 바람으로 온기를 불어넣어주는 것이었다.

물론 학교도 조직이기에 시스템이 중요하다. 교장 한 명이 아니라 교사와 학생, 학부모가 공동체를 함께 일구어야 하고, 시스템으로 정착되는 것이 무엇보다 중요하다. 그럼에도 시스템을 일구는 데 절대적인 영향을 미치는 이가 교장임을 부인할 수 없다. 대한민국 학교 현장에서 교장은 학교 정책의 결정권자이거나 그 이상의 존재이다.

나는 사실 이전에는 교장을 꿈꾸었던 적이 없다. 교사 생활을 하면서 입시라는 거대한 장벽에 절망을 느꼈고, 교사 내면치유 등에 관심이 많다 보니 승진과는 점점 더 멀어졌다. 대신 내면치유를 통해 교사들의 성장을 돕는 방향으로 진로를 바꾸었다. 경기도 성남여고에서 교무부장을 하던 2008년 무렵엔 전국에서 처음 시작하는 8명뿐인 경기도 수석교사에 선발될 수 있었다. 이것을 계기로 본격적으로 수업 컨설팅 등을 하면서 교사들의 성장을 성심껏 돕는 데 힘을 쓰고자 했다.

그러한 성과를 인정받아 서울대학교 교육대학원에서 1년간 연구교사로 공부할 기회를 얻었다. 그동안 교사와 학부모를 대상으로 진행해온 나만의 내면치유 방법이 상담학적으로나 교육적으로 문제가 없는 좋은 프로그램이라는 것을 담당교수로부터 검증받았다.

그러던 어느 날이었다. 나와 함께 공부하던 동료 교사가 덕양중학교에서 내부형 교장을 공모하는데, 자신이 보기에 '이준원 선생님이 적임자'라면서 적극적으로 추천을 했다.

이렇듯 예기치 않은 길목에서 맡은 교장이었기에 어려움도 적지 않았다. 내 파격적인 생각과 학교 운영 방침에 다른 학교 선배 교장 선생님들은 의혹의 눈길을 보내기 일쑤였다. 심지어는 '빨갱이'라는 소리까지 들렸다. 그럴수록 나는 '나에게 주어진 길에서 최선을 다하자.'는 벌새 크리킨디의 마음으로 최선을 다했다. 그렇게 4년이라는 임기를 다 채우고 이제 다른 곳으로 옮기기로 결심을 굳혔을 무렵이었다.

퇴근 시간에 맞춰 어머니 몇 분이 교장실로 찾아왔다. 나는 여느 때처럼 반갑게 어머니들을 맞으면서 차를 대접했다. 어머니들은 이런저런 이야기 끝에 찾아온 속마음을 내비쳤다.

"교장 선생님, 가지 마세요."

며칠 후 선생님들도 학부모들과 비슷한 이야기를 하며 적극 권유했다.

"제 생각도 그렇습니다. 학교 혁신을 위해 아직 할 일이 많으시니까 여기서 정년을 맞이하시면 어떻겠습니까?"

나는 마음속으로 감사했다. '나같이 부족한 사람을 이렇게 붙잡아주다니! 그래 여기서 교직을 마무리하자!' 그렇지 않아도 한편으로는 걱정을 했었다. 덕양중학교가 행복한 공동체의 시스템을 잘 갖추어 놓았다고는 해도 교장이 바뀌고, 교사들이 바뀌면 그동안 열심히 일구었던 토양이 바뀌지 말라는 법이 없었다. 확실하게 변화를 일구려면 4년이라는 시간은 부족한 감이 있었다.

나는 교장 공모에 다시 도전하겠다고 결심했고, 4년을 더 역임하게 되었다. 그렇게 맞이한 혁신학교 2기 동안 굉장히 의미 있는 일이 많았다. 그리고 어떤 교장이 오더라도 그동안 선생님들과 함께 일궈온 '행복한 공동체'라는 덕양중학교의 가치가 흔들리지 않을 것이라는 확신과 함께 퇴임할 수 있었다.

교사들의 회의 공간이자
아이들의 놀이터로 변한 교장실

교장은 학교에서 절대적인 존재이다. 대한민국 학교 현장에서는 교사들이 3시간 넘게 토론하며 학생들을 위한 좋은 프로그램을 만들어도 교장이 3초 만에 "안 돼."라고 말하면 모든 것이 허사로 돌아갈 정도이다.

실제로 다른 교사들의 의견을 경청하기보다 자신의 의견만을 강요하는 교장을 쉽게 찾아볼 수 있다. "교직 생활 중에 단 한 번이라도 좋은 교장 만나보는 게 소원"이라는 하소연이 들릴 만큼 교사들에게 인정받는 교장은 드물다. 교사들에게도 안타까운 일이지만 학교와 우리 교육의 혁신을 위해서도 매우 불행한 일이다.

교장이 제왕처럼 군림하는 학교 분위기에서는 집단지성이 살아 움직이기 힘들다. 교장들이 권위적인 모습으로 굳어진 까닭은 있다. 무엇보다 교장 승진 제도 자체가 문제이다. 우리나라에서 교장이 되려면 승진 가산점을 꾸준히 받거나, 상급자에게 근무 평점 점수를 잘 받거나, 장학사 시험에 합격해서 교육청에서 7년 정도 근무해야 한다. 승진에 관심이 있는 교사들은 가산점을 받을 수 있는 지역 학교로 옮기거나 가산점이 걸린 업무를 도맡아 해야 한다. 그렇게 승진 가산점을 다 채우고 교감 연수 대상자가 되면 교장 지시에 무조건 따라야 눈 밖에 나지 않고 1등수를 받아 승진할 기회를 얻는다.

또 다른 길은 장학사가 되는 것이다. 그런데 장학사가 되어 교육청 업무를 하다 보면 학교 현장의 감각을 잃어버리기 십상이다. 반면 수업을 잘하는 교사, 승진 가산점에 얽매이지 않고 묵묵히 교육 활동에 전념하는 교사가 교장으로 승진하기란 여간 어려운 일이 아니다. 이렇듯 험난한 경쟁을 거쳐 교장이 되고 나면 '이제 모든 것이 끝났다.'는 생각이 자연스레 고개를 들기 마련이다. 학교 안에서 아무 눈치를 받지 않아도 되고, 교장실에서 혼자만의 시간을 보내며 온종일 외부 세계와 자신을 차단시켜도 그만이다.

그때 교장의 마음속에 꼭꼭 숨겨두었던 내면아이가 고개를 들기 시작한다. 사실 교장이 되기 위해서 엄청난 경쟁에서 이겨내야 하기에 교장들의 내면은 완전히 고립된 섬인 경우가 많다. 그들이 다른 교사들과 소통하지 않으려 하는 것도 그래서이다. 교사들이 3시간 동안 토론한 내용을 "안 돼."라며 3초 만에 확 뒤집어버리는 배경에는 그런 심리가 놓여 있다.

고립된 내면은 총기나 날카로운 칼만큼 무서운 것이다. 특히 하나의 조직을 이끄는 수장의 내면이 고립되면 본인뿐만 아니라 조직 전체가 무기력해질 수 있다. 따라서 학교 교장실은 언제나 열려 있어야 한다. 누구나 편안하게 드나들고, 거침없고 치열한 토론 공간이 되는 교장실은 그 자체로 학교의 상징이 된다. 그런 작은 풍경 하나에 그 학교가 지향하는 이념이 고스란히 담긴다.

대한민국 학교의 교장실들은 어떤가? 대부분 복제품을 가져다 놓기라도 한 듯 비슷비슷한 풍경 일색이다. 한쪽에 푹신한 소파가 자리하고, 유리 덮개가 깔려 있는 낮은 테이블이 놓여 있다. 딱딱한 자리에서 그저 일방적인 전달과 지시, 형식적인 토론과 만남만이 오가곤 한다.

나는 덕양중학교에 부임하고 나서 천편일률적인 교장실 풍경을 바꾸기로 결심했다. 교사들이 언제든 방문해 함께 치열한 토론을 벌이는 회의 공간이자 아이들이 쉬는 시간이나 점심마다 찾아와 담소를 나누고 기타를 치고 노래하는 행복한 놀이터로 자리하길 바랐다. 그렇게 교장실 전면에 전교생 사진이 붙여졌고, 교사들과 학생들이 무시로 드나드는 사랑방이자 토론실로 변해갔다.

2019년에는 '화전마을학교 목공 동아리' 어머니들이 낡은 검은색 소파와 탁자를 치우고 간소하면서 산뜻한 회의 탁자와 책상을 멋지게 만들어주었다. 외양 면에서도 교장실의 변화를 완성시켰다.

교장실에 전교생 사진이 전면에 붙어 있다는 것은 교육과 생활이 학생들 중심으로 이루어진다는 의미이고, 소박하고 실용적인 책상은 권위와 지시 대신 봉사와 겸손을 암시한다. 유리 덮개가 놓인 낮은 책상과 소파를 대신한 아담하고 예쁜 테이블과 의자는 교장실이 보다 실질적이고 치열한 토론과 대화가 벌어지는 한편 만남과 휴식의 공간이 될 것임을 상징적으로 보여준다.

모두가 공동의 가치를 추구하는 '도덕적 리더십'

헤르만 헤세의 《동방기행》에는 순례자들의 길잡이이자 하인인 레오라는 주인공이 나온다. 레오는 순례자들에게 여행길을 안내하고 그들의 지친 영혼을 위로하며 영적 여행의 목적을 잃지 않도록 격려해준다. 또한 각종 허드렛일을 도맡아 하면서 순례자들이 여행을 무사히 마칠 수 있도록 돕는다.

순례자들은 평소 레오의 존재감을 별로 느끼지 못하지만 어느 날 갑자기 그가 사라져버리자 크게 당황한다. 그들은 어디로 가야 할지 모르고, 허드렛일도 할 줄 몰랐기 때문이다. 그제야 그들은 레오가 길 안내자이자 하인에 불과했던 게 아니라 영혼의 쉼터였음을 깨닫는다.

몇 년 뒤 순례자 중 한 사람이 레오를 찾아 나선 끝에 그를 만났는데, 알고 보니 레오는 교단의 최고 책임자이자 정신적 지도자였다. 하인으로 알고 있던 그가 사실은 순례를 가능하게 한 리더였음을 깨달은 것이다.

나는 이 이야기야말로 오늘날 학교의 리더인 교장에게 큰 깨우침을 준다고 생각한다. 학교에 필요한 리더는 군림하거나 권위적인 수장이 아니다. 다른 사람들 내면의 목소리에 귀를 기울이고 그들에게 필요한 것이 무엇인지 찾아 묵묵히 도와주는 동행이다. 또한 학교 구성원들이 목적지를 잃지 않도록 공동체의 이상과 가치를 지켜가는 사람이어야 한다. 이러한 리더십을 '섬기는 리더십(Servant Leadership)'이라고 한다.

높은 사람이 되고자 하는 사람은 남을 섬기는 사람이 되어야 하고 으뜸이 되고자 하는 사람은 종이 되어야 한다는 이천 년 전 예수의 가르침에도 '섬김의 리더십'은 잘 드러난다. 가난하고 병든 사람들에게 먼저 다가가 위로하고 참된 인식을 베풀었던 그의 모습, 제자들의 발을 몸소 씻기며 섬김의 자세를 보여주었던 그의 모습을 지금 학교에서는 과연 찾아볼 수 있는가?

서지오바니는 《도덕적 리더십》에서 '도덕적 학교'는 교사들이 교장의 지시가 아니라 학교의 가치를 따른다고 말한다. 학교의 가치는 교장이 아니라 교사, 학생, 학부모가 모여 함께 정하며 그것은 공동체가 함께 지켜야 할 규범으로 정착된다.

이러한 공동체에서 교장이 가장 먼저 해야 할 일은 학생, 교사, 학부모의 의견을 경청하는 것이다. 이들의 목소리에 귀를 기울이고 "어, 그거 좋은 생각이네요?"라고 자꾸 격려하며 누구든지 말할 수 있는 분위기를 형성해 집단지성에 불을 지펴야 한다. 또한 교장은 수업하는 데 바쁜 교사들이 미처 보지 못하는 곳을 살펴보아야 하고, 수십 명의 학생들을 지도하느라 힘겨워하는 교사들의 손길이 미처 닿지 못하는 아이들에게 먼저 다가가는 솔선수범을 보여야 한다. 더불어 학교 공동체를 지키는 든든한 울타리가 되어야 한다.

교육 당국은 각종 지침을 통해 학교 교육을 제약하거나 위축시키고, 학부모들은 이기적인 욕심으로 자기 자녀만 두둔하는 경우가 많다. 그럴 때야말로 교장이 적극적으로 나서 학교의 울타리 역할을 하고 학부모를 설득하거나 단호한 입장을 취해야 한다. 이러한 여건이 형성되어야만 교사들의 위축된 내면이 서서히 깨어나 잠재력이 터져 나올 수 있다. 교사들의 내면에 존재하는 아픔에 공감하고, 새로운 도전을 할 수 있도록 격려하고, 혹시 그 과정에서 문제가 발생하면 교장이 먼저 책임지는 모습을 보여야 한다. 그럴 때 교사들 각자의 리더십 또한 자연스레 발휘될 수 있다.

덕양중학교는 교사, 학생, 학부모가 함께 추구하는 '공동의 리더십'이 형성된 학교였다. 교장은 섬기는 리더십으로 솔선수범하려 했으며 교사, 학생, 학부모의 어려움을 살피고 그들 내면에 잠재된 역량을 발휘할 수 있도록 돕고자 노력했다. 교사들은 다양한 학습공동체를 통해 협력하고 전문성을 발휘해 함께 수업을 개선하고 학교의 문제점을 해결해나갔다. 학생과 학부모도 학교의 주인으로 존중받으면서 학교 자치의 주체로 성장할 수 있었다. 학교 구성원 전체가 교장의 지시를 따르는 수동적인 존재가 아니라 '평화'와 '존중'이라는 가치를 능동적으로 함께 추구하며 '행복한 학교 공동체'를 일구는 주체로 참여했던 것이다.

교사들에게도 수업이 필요하다

학교 혁신이 성공하려면 당연히 수업이 바뀌어야 한다. 그러기 위해서는 우선 계란판 같은 각자의 벽에 갇혀 있던 교사들이 벽을 깨고 나와 협력하는 문화가 정착해야 한다. 그동안 교사들은 끼리끼리 협력한다거나 수업에 대한 철학은 공유하지 않고 학습 자료만 주고받으면서 보여주기 식으로 협력하는 경우가 대부분이었다.

기존 방식을 지양하고 교사들 사이에 진정한 협력 문화가 꽃피우기 위해서는 세 가지 요소가 필요하다. 우선 교사들을 하나로 묶을 수 있는 비전이 있어야 한다. 다음으로는 학교의 모든 문제를 교사 모두의 책임으로 생각하는 책임감이 있어야 한다. 마지막으로 그 속에서 교사 개인의 성장이 아니라 교사 모두가 공동체로 성장하는 반성적 성찰이 이루어져야 한다. 그러한 토대 위에서 교육 과정에 대한 철학이 공유되고 진정한 협력 문화가 꽃피울 것이다.

사실 교사들은 학창 시절 전통적인 일제식 수업을 받아왔고, 자기가 배운 대로 가르치는 방식에 익숙하다. 아무리 수업 혁신 연수를 들어도 이러한 습속을 바꾸기란 쉽지 않다. 수업을 혁신하기 위해서는 교사들의 협력이 반드시 필요하다.

덕양중학교는 혁신학교 지정 이후 꾸준히 '전문적학습공동체'를 운영했는데, 이것이 일상적인 문화로 완전히 자리 잡기까지 3~4년이 걸렸다. 처음에는 교사들이 관심 있는 주제 중심으로 전문 연수를 시작하였다. 수업, 학생 생활교육, 학급 운영 등을 실천해온 전문가를 강사로 섭외해 교사들에게 실질적으로 도움을 줄 수 있도록 했다. 협동학습 연수를 들은 교사들이 실제 수업에서 좋은 반응을 경험하면서, 이 분야에 대한 심화된 배움을 요구했다. 그래서 협동학습 심화과정을 열었고 이후 자체적으로 '협동학습 연구모임'을 만들었다. 이후에는 '독서모임', '수업활동지 연구모임'으로 발전해 교사들이 서로 다양한 학습을 가능하게 해주었다. 이러한 연구모임들이 수업에 대한 고민으로 이어지면서 학교 수업과 교육 과정에서 많은 변화를 이끌어내었다.

서로에게 배우는 교사들
_협동학습 연구모임이 허문 교과서의 벽

전문적학습공동체는 매주 수요일이나 금요일 오후에 운영했다. 한 달에 두 번은 학생 생활교육에 대해, 나머지 두 번은 수업공개 및 수업연구회를 진행했다. 공개수업은 선생님들이 협동학습 연구모임 등을 통해 수업에 대한 아이디어를 논의하는 과정에서 자연스럽게 도출된 것이었다. 수업을 바꾸려면 자신의 수업부터 다른 교사에게 공개하고 함께 논의해야 한다는 인식에 서로 동의한 것이다. 자신의 수업을 다른 교과 교사들에게 공개하다 보니 자연스레 다른 교과의 수업 내용에 대해서도 이해하기 시작했다. 그래서 학생들에게 꼭 가르쳐야 할 가치를 자신의 교과뿐만 아니라 다른 교과와 통합해서 가르칠 수 있었다.

또한 덕양중학교에서는 다른 학교 교사들에게도 수업공개와 수업연구회에 참여할 수 있도록 하고 있다. 관내 모든 학교에 공문을 보내 희망하는 교사들이 함께 참여할 수 있도록 안내했는데 무척 반응이 좋았다. 공개수업을 참관한 다른 학교 교사들은 수업이 끝난 뒤에도 함께 모여 수업 내용과 학생 참여, 수업 진행 방식 등 모든 면에서 어떤 점이 좋고 어떤 점은 미흡했는지 심도 깊게 토론했다. 심지어 제주도에 근무하는 교사가 참가하기도 했다.

이렇게 한 시간 동안 공개수업을 참관한 뒤에는 두 시간 동안 수업연구회를 진행해 함께 수업에 대한 고민을 나누고 해결방안을 모색한다. 이때야말로 교사들에게 배움이 이루어지며 함께 성장해가는 소중한 시간이 된다.

수업연구회에서는 먼저 수업을 진행한 교사의 이야기를 듣는다. 이를 통해 수업 의도, 평소 수업에서 갖고 있던 고민, 요청사항 등을 알 수 있다. 수업 참관 교사들은 수업 진행 교사가 제기한 문제를 가지고 함께 이야기를 나눈다. 특히 이 과정에서 수업을 통해 자신이 배운 것을 함께 나눈다. 예를 들어 자기 수업 시간에는 잘 참여하지 않던 학생이 공개수업 교사 수업에는 적극적인 모습을 보였다면, 그것으로부터 자신이 무엇을 배우고 깨달았는지 이야기하는 것이다. 혹은 동일한 수업에서 어떤 학생 모둠에서는 모둠활동이 활발하게 이루어지는데 어떤 모둠은 그렇지 않다면, 이 학생들의 관계성에 어떤 문제가 있는지 함께 토론하게 된다.

교사들이 모둠별로 토론한 주제에 대해 전체 교사가 토론하는 시간도 갖는다. 이를테면 학생들 사이의 협력 관계 형성이 여전히 미흡하다고 판단했다면, 이 학급의 관계성을 어떻게 회복할 것인지 전체 교사가 함께 논의한다. 수업 진행 교사가 품고 있는 고민에 대해서도 함께 토의한다. 아울러 이 교사가 다시 수업을 진행할 힘을 회복할 수 있도록 지지하고 격려하는 시간도 마련한다.

동료 교사들의 지지와 격려 뒤에 수업 진행 교사는 실제 수업에 참여했던 학생들의 반응을 '직면'하는 시간도 갖는다. 수업자의 의도가 학생들에게 잘 전달될 때도 있지만 그렇지 못하거나 전혀 예상치 못한 반응을 보일 때도 있기 때문이다. 특히 학생들이 그 수업에 대해 갖고 있는 이미지를 '색깔'로 표현하도록 함으로써 새로운 시각을 얻기도 한다.

이 모든 과정을 거친 후 수업 진행 교사는 자신에 대한 성찰을 고백하는 시간을 갖는다. 이러한 성찰은 수업이 단지 업무에 그치는 것이 아니라 삶으로 연결되도록 함으로써 교사의 존재 회복을 돕는다. 이처럼 덕양중학교에서 이루어지는 수업공개와 수업연구회는 단순한 수업 기법에 대한 연구가 아니라 공동체의 성장을 이루는 따뜻한 공간으로 거듭난다.

교과서를 벗어나 수업과 수업, 수업과 삶을 잇다

덕양중학교 수업 중 가장 변화가 많이 일어난 것은 학생들이 특히 어려워하는 영어, 수학 과목이었다.

덕양중학교 영어 수업에는 교과서를 사용하지 않는다. 현행 교과서로는 아무리 수업 형태를 바꾸어도 의미 있는 배움이 일어나기 어렵다는 판단 아래 과감히 교과서를 벗어나 다른 학습 자료를 활용하고 있다.

특히 영어 동화책을 활용한 수업이 좋은 효과를 얻고 있다. 매년 활용하는 영어 동화책 중에 피터 레이놀즈(Peter H.Reynolds)의 《ISH》가 있다. 제목의 'ish'는 '~답다'라는 뜻을 가진 영어 어미인데, 주인공 레이먼이라는 소년이 그림 그리기를 통해 진정한 '나다움'과 '평화로움'을 찾아가는 내용이다.

덕양중학교에서는 이 책을 가지고 철학, 미술 과목과 연계하는 범교과적 프로젝트 수업을 진행한다. 학생들은 영어 내용을 독해하며 영어에 흥미를 느낄 뿐만 아니라 '나다움'에 대해 철학적으로 탐색하고, 이를 시각적으로 표현하는 학습도 동시에 진행한다. 영어 시간에는 먼저 《ISH》 원문을 읽으면서 영어단어들을 학습하고, 주요한 문장들을 해석하고, 작품의 핵심 내용을 이해하는 활동을 진행한다. 이를 활용해 철학 시간에는 '나다움'에 대해 성찰하고, 미술 시간에는 '나다운' 모습이 잘 드러나는 자화상을 그린다. 우선 자신의 모습을 사실적으로 그리고, 그것을 '나다운' 모습의 추상화로 바꾸어 그리는 식이다.

학생들은 영어 동화책을 흥미롭게 읽으면서 어휘, 문법, 문장 등의 학습 내용을 숙지하고, 동화책에 등장하는 레이먼의 깨달음과 변화를 떠올리며 '나다움이 무엇인지', '세상을 받아들이는 자세는 무엇이어야 하는지', '진정한 평화는 무엇인지' 등에 대해 생각해본 다음 미술 시간을 통해 그림으로 자신의 실제 모습과 느낌, 생각을 자유롭게 표현하는 시간을 통해 열린 사고를 배우는 것이다.

학생들에게 보다 많은 흥미를 돋워주기 위해 언제나 새로운 과제를 준비하기도 한다. 이를테면 체육 시간에 농구하는 장면을 촬영한 다음 이 녹화 장면을 시나리오로 만들어서 1분 동안 중계방송을 영어로 발표하게 하는 식이다. 교사는 학생들에게 '경기하는 친구 1인당 한 번 이상씩 칭찬을 해야 한다.', '경기 상황에 대한 설명이 들어가야 한다.', '전술적인 내용을 한 번

이상 넣어야 한다.'는 식의 조건을 부여한다. 학생들은 이것을 모둠수업으로 해결하는데, 영어를 잘하는 학생에게 영어를 못하는 학생이 물어보기도 하고, 대본을 서로 구상하기도 하면서 함께 영어 공부를 해나간다.

수학 시간에는 기존 교과서 대신 교육시민사회단체 '사교육 걱정없는세상'에서 대안 교과서로 발간한 《수학의 발견》을 활용한다. 이 대안 교과서는 기존 교과서와 달리 개념을 외우고 이를 문제풀이에 적용하는 방식이 아니라 학생들이 일상생활의 경험 속에서 수학적 개념을 발견하고 서로 협력하며 과제를 해결하는 방식으로 구성되어 있다. 덕양중학교 수학 수업에서도 이를 적극적으로 활용해 실생활에서 피부로 와닿는 문제들을 모둠수업으로 풀게 하면서 수학에 흥미를 느끼도록 유도한다.

'프리미어리그 선수들의 연봉과 골 결정력의 상관관계를 구하기'

'장애인들이 휠체어 타고 올라가는데, 적절한 각도로 계산되어 있는지 조건을 두세 개 넣고 값을 구하기'

위와 같은 과제를 구하기 위해 학생들은 직접 프리미어리그 선수들의 연봉과 시간당 골 등을 조사하고, 상관관계를 찾아낸다. 장애인의 휠체어 각도를 조사하기 위해서는 직접 동사무소와 마을을 찾아다니면서 조사하고, 보고서를 쓰면서 계산하기 위한 식을 찾아낸다.

이러한 수업을 함으로써 덕양중학교에서는 놀랍게도 수학을 포기한 학생인 '수포자'가 사라졌다. 영어 수업 역시 세 배 이상 학력 신장을 보인 것으로 나타났다.

이러한 덕양중학교의 수업 방식에는 몇 가지 특징이 있다. 먼저 대안 교과서를 사용하거나 아예 교과서를 탈피한다는 점, 단순한 문제풀이가 아니라 실생활과 연관된 내용을 찾아 수업이 우리 삶과 밀접하게 연관되어 있다는 자각을 준다는 점, 새로운 과제를 발견해 흥미와 의미를 주려 한다는 점, 다른 수업과 연계되는 프로젝트 수업이 이루어진다는 점, 학생들이 모둠별로 함께 문제를 해결해나간다는 점, 교사는 학생들에게 충분한 기회를 주고 학생들이 수업에서 배움을 얻을 수 있도록 기다려준다는 점, 단순한 풀이나 이해가 아니라 본질적인 이해로 나아가게 한다는 점 등이다. 이처럼 덕양중학교에서는 지식과 삶이 하나가 되도록 배움 중심의 수업이 진행되고 있다.

평가가 바뀌지 않으면 수업도 바뀌지 않는다

수업이 바뀌어도 평가 방식이 바뀌지 않는다면 절반의 혁신으로 그칠 확률이 높다. 수업 내용이 아무리 좋아도 학생들은 성적에 연연할 수밖에 없다. 수업 혁신이 평가 방식의 혁신으로 반드시 이어져야 하는 이유이다.

우리의 선다형 평가 시스템은 수업 내용을 동일한 방식으로 평가한다. 사람들은 모든 학생이 동일한 시간에 똑같은 시험을 보는 평가 방식을 큰 문제라고 생각하지 않는다. 그러나 이러한 평가 방식은 아이들이 품고 있는 무한한 잠재력을 획일화된 잣대로 측정하려는 것에 불과하다.

이런 방식은 다양성의 훼손을 넘어 엄청난 폭력이라 할 수 있다. 마치 원숭이, 펭귄, 코끼리, 물개, 강아지 등에게 모두 나무타기를 잘하라고 강요하는 것과 같다.

원숭이는 나무에 잘 오르지만 물개는 헤엄을 잘 치고, 펭귄은 얼음에서 잘 놀며, 코끼리는 힘이 세고, 강아지는 냄새를 잘 맡는다. 마찬가지로 학생들도 저마다 고유한 개성과 소질이 있는데, 그런 차이를 무시하고 있는 것이다. 결국 우리 아이들은 주야장천 다들 나무에 오르는 연습만 하고 있다. 그러다가 고교 2학년 때쯤 자신이 원숭이가 아니라 물개에 가깝다는 것을 깨닫고 절망하기도 한다.

간혹 나무를 잘 오르는 시험을 원숭이보다 잘 통과한 물개가 나오기도 한다. 선다형 객관식 평가의 폐해라고나 할까. "왜?"라는 질문을 던지지 않고 무조건 답안을 골라내는 훈련을 무한 반복하면 가능한 일이다.

이러한 성취는 21세기 인재에게 요구되는 창의력이나 상상력, 공감능력과는 거리가 멀 수밖에 없다. 또한 그렇게 성공을 이룬 이들은 공동체나 타인에게 무관심한 채 오직 이기적인 욕망만을 위해 달려갈 확률이 높다. 또한 그렇게 경쟁을 이겨내고 성공한 어른들은 저마다의 내면에 엄청난 트라우마를 숨긴 채 "너희들도 나처럼 노력하면 성공할 수 있다."며 자녀와 학생들을 다그치곤 한다. 자신이 이루어낸 성공이 인식의 함정으로 작용하고 있음을 모르는 것이다. 그래서 "나 때는 말이야." 식의 시대착오적인 노력만을 강요한다. 오로지 눈과 귀를 닫고 자식과 학생들에게 입시 성적만을 강요한다. 물개가 나무에 오르는 마법을 가르쳐주는 셈인데, 어찌 보면 지금 그런 마법에 사회 전체가 빠져 있다고 해도 과언이 아니다.

덕양중학교 교사들은 이런 근본 문제를 해결하기 위해 논의를 시작했다. 그렇게 해서 얻어낸 결론은 "평가가 바뀌지 않으면 수업도 바뀌지 않는다."는 것이었다. 수업을 배움 중심으로 바꾸어도 평가를 예전처럼 선다형으로 실시하면 학생들은 시험 기간이 다가올수록 문제집 푸는 것만 중시할 수밖에 없다는 판단이었다.

평가 방식을 개선하는 것은 학습 활동과 평가 방식의 일관성 면에서도 중요하다. 수업시간에는 다양한 학습 활동으로 학생들의 창의성, 협력의식, 문제 해결 능력을 강조했으면서 정작 평가에서는 다섯 개 답안 중 하나를 고르는 문항을 출제했다면 이는 '평가의 타당도'에 현저한 문제가 있음을 말해주는 것이기 때문이다. 그래서 우선 한두 교과에서 선다형 평가를 폐지하고 논술형 평가와 수행평가만 실시했다. 이는 수업 내용과 평가의 일관성을 유지하도록 해주었다. 교사들은 학생들의 논술형 답안을 채점하고 수행평가 결과물을 확인하면서 교사들이 기르고자 했던 역량이 얼마나 성장했는지 훨씬 자세하게 확인할 수 있었다. 또한 이런 평가 방식은 학생들이 온전히 수업에 몰두할 수 있는 분위기를 만들어주었다.

이전에는 시험이 다가오면 수업보다 문제집 풀이에 몰두하는 학생들도 있었지만 이제 그런 모습은 찾아보기 어려웠다. 성적에 예민한 학생들도, 성적에 관심이 없는 학생들도 오로지 수업시간에 다루고 있는 내용 자체에 흥미와 의미를 느끼며 수업에 몰두하게 된 것이다. 이렇게 시범적인 과목의 선다형 평가 폐지 효과를 확인한 뒤에는 모든 학년, 모든 교과에서 선다형 평가를 치르지 않았다. 덕양중학교에서는 이제 OMR 카드와 컴퓨터용 사인펜을 찾아볼 수 없다.

물론 교사 입장에서는 논술형 평가, 수행평가의 경우 컴퓨터가 알아서 채점하는 선다형 평가보다 부담이 많이 생긴다. 면밀하게 설계한 루브릭(채점 기준)을 중심으로 학생들 답안을 일일이 확인해야 하기 때문이다. 반면 교사들은 논술형 답안 수행평가 결과물을 확인하며 학생들의 상태를 보다 정확히 파악하며 보람을 느낀다.

"아, 이 학생이 이렇게 창의적인 답안을 쓰다니!"

"이 아이에게 이런 면도 있었구나!"

"어, 이 문제에 대해서 제대로 답을 작성한 학생들이 별로 없네. 학생들에게 이런 오개념이 형성되어 있구나."

교사들은 이렇듯 평가를 통해 학생들의 현재 상태, 장단점, 잠재력을 확인하고, 평가 결과를 다시 수업에 반영하려고 노력한다. 채점은 다소 부담스럽지만 평가의 진정한 의미가 되살아나는 것이다.

한 가지 빼놓을 수 없는 것은 교사들이 오로지 수업과 평가에 전념할 수 있도록 다른 업무를 최소화했다는 점이다. 이를테면 덕양중학교에서는 방과 후 수업을 폐지하고 학부모가 운영하는 방과 후 수업만 하도록 했다. '페이퍼 워크' 같은 각종 서류 작업과 형식적인 행정 처리도 간소화하려고 노력했다. 그렇기에 교사들은 수업과 평가에 더욱 전념할 수 있었다.

선다형 평가를 폐지하고 나니 지필평가 역시 중간고사, 기말고사로 나눠 볼 필요가 없어졌다. 덕양중학교에서는 지필평가를 학기말에 1회만 치르되 100% 논술형 평가만 본다. 대신 교과 특성에 따라 수행평가를 60~100% 반영하고, 일상적인 수업과정에서 수행평가를 진행하도록 했다.

학생을 줄 세우지 않고 진정한 성장을 돕는 평가

평가 방식이 바뀜에 따라 몇 가지 새로운 문제도 발생했다. 수행평가가 특정한 시기에 집중되어 어떤 날에는 학생들이 온종일 수행평가만 실시하는 부담을 지게 되었다. 또한 교과별 수행평가를 치르는 방식과 채점 기준이 저마다 다르다는 점들이었다. 교사들도 이런 문제를 해결하기 위해 평가혁신 TF를 구성했다. 평가혁신 TF에서는 수행평가 시기를 조절하는 문제뿐만 아니라 덕양중학교가 지향하는 철학을 담은 평가 방식, 학생의 성장을 돕는 절차를 담은 평가 루브릭을 개발하고 이를 전체 교사와 공유했다. 교사 개인이나 개별 교과만의 몫이 아니라 전체 교사가 범교과적으로 협의해 실질적인 개선안을 마련했다.

덕양중학교에서는 '학생의 성장을 돕는 평가'라는 취지에서 개별 교과 차원의 평가 방식을 수집하고 이 가운데 긍정적인 요소를 도출해서 평가 루브릭과 피드백 절차를 개발하는 연구를 진행했다. 루브릭(Rubric)이란 본래 책의 중요한 부분을 강조하기 위해 붉은색으로 표시하거나 주석을 달아놓은 것을 말한다. 평가 루브릭은 학습자의 학습 결과나 성취 정도를 평가하기 위해 사전에 공유한 기준을 의미한다. 학교 현장에서는 이를 보통 '채점 기준'이라고 말한다.

본래 취지를 감안할 때 루브릭은 '채점 기준'이 아니라 '수행

안내'에 해당한다. 즉 점수를 감점하기 위한 기준이 아니라 좋은 성과물을 도출하기 위한 안내 역할을 하는 것이다. 그럼에도 평가의 공정성만 강조하다 보니 요즘엔 루브릭이 엄격한 채점 기준으로 오용되고 있다. 덕양중학교에서는 루브릭의 본래 취지를 살리는 방향으로 새로운 루브릭을 개발해 범교과적으로 적용했다.

새로운 루브릭은 계획, 수행, 산출물 단계로 나누어 단순히 산출물만 가지고 평가하는 단점을 보완하고 계획부터 산출물 단계까지 교사가 관찰하면서 지속적으로 피드백하는 것에 주안점을 두었다. 다만 매 단계별로 평가를 받아야 하는 학생의 부담을 고려해서 계획, 수행 단계에서는 채점 기준을 상, 중, 하 정도로 느슨하게 설정해 학생들이 열심히 참여하면 누구에게나 만점을 주도록 합의했다.

또한 수행평가 시기가 집중되는 문제를 해결하기 위해 수행평가 개수를 줄여서 한 학기에 한두 과제 정도를 수업시간에 깊이 있게 다루게 했다. 더불어 수행평가 계획에 '피드백' 절차, '재도전의 기회'를 명시해 1차 평가 이후 피드백을 제공하고 다시 도전할 기회를 주어 2차 평가를 진행하도록 했다. 학생들에게도 수행평가의 의미, 수업에서 배우는 내용, 피드백과 재도전 기회 등에 대해 사전에 안내하도록 했다.

중·고등학교에서 이어져온 기존 평가는 입시를 염두에 둔

'변별력' 확보와 학생이나 학부모의 민원을 염두에 둔 '객관성과 공공성'에만 초점이 맞추어져 있다. 그러나 교육 선진국인 핀란드 교육 과정에서는 '학생들이 최선을 다하도록 독려하는 지원적 분위기', '학생의 참여를 촉진하는 대화와 상호작용', '학생들이 자신의 학습 과정과 성장을 가시적으로 이해하도록 지원하기', '공평하고 윤리적인 평가', '다양한 평가', '평가를 통해 얻은 정보를 수업과 교육 활동을 계획하는 데 사용하기' 등의 평가 요소에 초점을 맞춘다.

사실 덕양중학교에서도 루브릭과 피드백 절차를 만들면서 교사들 사이에서 어떤 부분을 더욱 중요하게 여겨야 하는지에 대해 의견이 엇갈렸다. 그래서 전체 교사가 함께 모여 모두가 공유해야 할 평가 원칙을 정하기로 했다. 교사 각자가 중요하다고 생각하는 평가 원칙을 이야기하며 포스트잇에 쓰고, 이를 모아 '우리가 지향해야 할 평가'와 '우리가 지양해야 할 평가'로 나누어 정리했다. 이는 학교 차원에서 공동체적으로 평가 문화를 혁신하고 명문화하는 것이 필요했다는 점에서 의미가 크다. 이렇게 기존의 평가 방식에서 탈피함으로써 '성적'에서 늘 배제되던 학생들도 자신의 가능성과 잠재력을 정당하게 인정받아 불필요한 열등감에서 벗어나고 자존감을 회복할 수 있는 토대를 마련했다. 이처럼 평가 혁신을 통해 수업 혁신과 학교 혁신을 완성하는 목표에 더욱 다가갈 수 있었다.

교사들에게도 선생님이 필요하다

나는 덕양중학교를 퇴임하고 나서 좋은교사 마음지원센터 소장이 되었다. 매주 목요일마다 교사들을 상대로 '교사 내면치유'를 강의하고, 전국 각지를 돌아다니면서 교사들을 만났다. 2020년에는 초유의 코로나19 사태로 비대면 수업을 많이 해야 했는데, 화상으로나마 전국의 수많은 교사가 지닌 고민을 듣는 시간을 가질 수 있었다. 덕양중학교의 혁신학교 사례를 이야기하면서 다시 느꼈던 것은 대한민국 교사들이 많이 아프다는 사실이었다.

덕양중학교에는 '갈등부엌'이라는 공간이 있다. 누구나 편하게 쉬었다 갈 수 있는 아담한 공간인데, 학부모들은 이곳에 순번을 정해 상주하면서 마치 엄마처럼 아이들을 돌봐준다. 배가 고픈 아이들이 부엌을 찾듯이 마음에 허기가 진 아이들은 이곳에 와서 간식도 먹고 학부모들과 도란도란 이야기도 나눈다. 그러다 마음속의 갈등을 털어놓고 작은 위로를 받아 가기도 하는 그런 공간이다.

대한민국 교사들에게 지금 가장 필요한 곳도 갈등부엌 같은 공간이 아닐까. 꿈을 위해 치열한 경쟁을 뚫고 얻은 직업이지만 막상 학교 현장에 와보니 보람보다는 고립감을 더 많이 느끼고 있는 교사들, 학생들 못지않게 분노와 절망, 수치심, 불안감에 시달리고, 그들이 맞닥뜨리고 있는 현재와 미래를 염려하는 교사들이 적지 않다. 그들이 잠시라도 무거운 짐을 내려놓고 한 명의 인간으로서 고민과 갈등을 털어놓을 수 있는 공간, 그래서 내면에 웅크린 상처를 일시적으로나마 어루만져줄 수 있는 공간, 다시 힘을 내고 회복적인 생활을 해나가도록 도와주는 공간이 필요하다. 내가 마음지원센터 소장 요청을 선뜻 수락한 것도 교사들에게 조금이나마 도움이 되고 싶은 마음에서였다.

지금 대한민국 학생, 교사, 학부모의 마음 상태를 한마디로 표현하자면 '염려'라는 단어가 가장 먼저 떠오른다. 학생들은 학교라는 배움의 공동체에서 행복감을 느끼기보다는 교우관계나 장래희망, 입시 결과를 더욱 염려한다. 교사들은 크고 작은 교권 침해와 입시 스트레스에 시달리며 성과에 대해 염려한다. 학부모들 역시 자녀들이 학교에 제대로 적응하는지 노심초사하며 입시와 장래에 대해 염려한다. 우리 사회에서 평생직장이라는 개념이 사라지고 계급의 사다리는 거의 소멸해 "개천에서 용난다."는 속담이 사라진 지 오래이다. 이런 사회적 분위기에서 모든 구성원은 '불안'의 포로가 되어 살아가야 하므로 어찌 보면 '염려'는 필연적인 것일지도 모르겠다.

국어사전에 '염려(念慮)'는 "여러 가지로 마음을 쓰며 걱정함"이라는 뜻으로 나와 있다. 이것을 헬라어로 바꾸면 '메림나오(merimnao)'인데, "마음이 나뉘고 주의를 빼앗긴다."라는 의미를 담고 있다. 라틴어로는 '앙시우스(anxius)'라고도 하는데 '숨 막힘', '목 졸림'의 느낌을 담고 있다. 그러니까 "염려한다."는 정신이 분열되고 숨이 막힐 정도로 굉장히 힘들고 부정적인 심리 상태를 드러내는 말이다.

한 선생님에 대한 교권 침해는 공동체 모두에 대한 침해이다

교사들은 왜 이렇게 불안해하고, 무엇을 염려하는 것일까?

우선 교사들에 대한 교권 침해가 이전과는 비할 수 없이 늘어났다. 학교 현장이 단지 신분 상승과 경쟁 만능을 위한 장소로 변한 데 가장 큰 원인이 있다. 학생이나 학부모에게 받는 교권 침해도 문제지만 동료 교사나 교감, 교장에 의한 교권 침해 또한 엄청나다. 교사들은 이로 인해 분노와 수치심, 자괴감에 시달리는 경우가 많다.

마음지원센터에서 강의를 한 뒤에 어떤 교사가 내게 질문을 했다.

"학부모의 부당한 민원을 담임이 책임지고 해결해야 할 일이 많은데, 그럴 때마다 내면에 상처가 쌓이는 것 같습니다. 어떻게 해야 하나요?"

나는 그 선생님의 심정을 절절히 이해했고 이렇게 대답했다.

"힘들겠지만 먼저 선생님이 내면의 힘을 길러야 합니다. 내면의 힘이란 상대가 나를 비난하거나 다른 누군가를 비난할 때 침묵하고 기다릴 수 있는 힘을 말합니다. 덩달아 분노를 폭발시키거나 화를 내지 않고 끝까지 경청하는 것이 먼저입니다. 그렇게 말하는 '당사자의 내면도 지금 많이 아프고 힘들구나.' 이해하는 것인데, 그런 이해 자체가 내면의 힘이 있어야 가능한 것이지요. 두 번째는 어떤 선생님에 대한 교권 침해를 단지 그 선생님 개인이 아니라 학교 공동체 모두에 대한 침해로 받아들여야 합니다. 공동체 안에서 학부모에게 상처받은 교사를 격려해주고 치유해주고 함께 대책을 마련해야 한다는 것이지요. 교사들끼리 언제든 힘들고 아픈 것을 말하고 경청해주는 분위기가 학교 문화로 정착해야 합니다. 아무리 학교를 그만두고 싶더라도 누군가 자기 이야기를 진심으로 들어준다면 순간적인 충동은 풀리는 경우가 많거든요. 형식적으로 도와주는 척만 하고 아픔이나 어려움을 말하지 못하는 분위기에서는 결코 진정한 위로를 받지 못합니다. 공동체 구성원들이 함께 병들어가는 것이지요. 결국 공동체가 함께 해결해나가는 문화를 정착시켜야 합니다."

불안이나 염려도 고립감으로부터 비롯하는 경우가 많다. '상처'는 개별 교사 혼자 감당하는 몫이 아니라 학교라는 배움의 공동체가 함께 나서야만 한다는 뜻이다.

어떤 교사는 이런 질문도 했다.

"덕양중학교 사례를 듣고 보면 교장 선생님 개인적 자질로 이루어진 혁신이 아닌가 하는 생각이 드는데요?"

그 선생님은 학교 혁신은 개인적 자질보다 정책이나 제도가 바뀌어야 한다고 말하고 싶었던 것 같다. 나는 이렇게 대답했다.

"아무리 정책이나 제도가 좋아도 악용하는 사람은 항상 있습니다. 또한 교묘하게 빠져나갈 수 있는 구멍과 함정도 존재하기 마련입니다. 학교에서 진정한 혁신이 이뤄지려면 공동체에서 생활하는 이들의 내면이 먼저 변화하지 않고는 힘듭니다. 정책과 제도보다 그것을 실천하는 교사 한 분 한 분이 바뀌지 않으면 근본적인 혁신은 성공하기 힘듭니다. 다시 말해 학교 혁신은 교장 혼자 나선다고 되는 게 아니라 교사, 학생, 학부모, 지역 공동체 모두 함께 만들어나가는 것입니다."

물론 좋은 제도나 정책이 만들어지는 것은 중요하다. 그런데 조금만 주의를 기울여보면 아무리 좋은 의도와 취지로 시작해도 시간이 지나면서 구성원들의 무관심과 태도에 따라 변질해버리는 제도와 정책이 부지기수이다. 혁신을 위해 꾸준히 노력하는 학교라 하더라도 불성실하고 책임감이 부족한 교사, 반항하며 말썽을 부리는 학생, '갑질'하듯 민원을 넣는 학부모들은 여전히 있을 수 있다. 이들은 사실 나쁜 사람들이라기보다는 아픈 사람들에 가깝다. 살면서 존중과 존경, 공감과 배려를 받아보지 못해 모두 심하게 속병이 나버린 것이다. 이제부터라도 그들이 공감받고 존중받는 분위기를 모두가 함께 만들어가는 것이 중요하다. 학교의 주체 중 하나인 교사들부터 서로 존중받고 이해받음으로써 내면을 치유하는 것이 제도나 정책 못지않게 중요한 것이다.

어떤 분은 교사들과 행정실 사이에 서로 일을 미루는 갈등을 어떻게 해결해야 하는지 묻기도 했다.

나는 덕양중학교에서 행정실 직원들도 교사들과 똑같이 중요한 정책에 참여시켰다. 교직원 회의에도 참여하도록 했다. 행정실 직원들 또한 학교 공동체 일원이므로 존중받아야 하고, 행정실 직원들과 교무실 교사들이 상호 소통하면서 서로의 사정과 어려움을 이해할 수 있게 하기 위해서였다. 그 과정을 통해 행정실 직원들은 교사들이 얼마나 고생하는지 비로소 이해하고 자신들이 할 일과 교사에게 권한을 넘겨야 할 일을 확실하게 구분했다. 역할 분담이 모호할 경우에는 교장인 내가 나서서 단호하게 교사와 행정실 업무 경계를 구분 지었다.

마음지원센터에서 만난 교사들이 마음속에 숨겨둔 질문은 끝이 없었다. 나는 그 수많은 질문과 마주하면서 교사들이 편안하게 쉬고 위로받을 수 있는 마음의 공간이 절실하며, 도움을 주는 선생님이 필요하다는 사실을 절감했다. 학생이 행복해야 교사와 학부모가 행복할 수 있듯이 교사들이 행복해야 학생과 학부모가 행복할 수 있기 때문이다.

경쟁을 넘어 적극적 평화의 공동체로

        작가 알랭 드 보통은 《불안》이란 책에서 '지위에 대한 불안'에 대해 이야기한다. 인간은 누구나 사는 동안 필연적으로 불안을 느낄 수밖에 없는데, 이것을 뭉뚱그려 말하자면 '존재론적 불안'이라 할 것이다. 실존주의 철학자들은 '불안'이 누구도 피해갈 수 없는 죽음으로부터 비롯한다고 했다.

  지금 우리 사회 구성원들이 느끼는 불안은 조금 차원이 다르다. 알랭 드 보통의 책 제목에서도 알 수 있듯 현대인들은 사회적 지위와 신분에 대한 불안에 떨고 있다. 극단적으로 말해서 오래전 원시인들은 맹수나 굶주림, 대자연의 추위나 홍수 등이 언제 닥칠지 몰라 두려워했을지언정 현대인들이 느끼는 사회적 지위나 경쟁에서의 패배에 대한 불안감은 모르고 살았을 것이다. 신분제가 공고했던 조선시대의 사람들이 느꼈던 공포 또한 현대인들이 느끼는 막연한 불안과는 그 결이 달랐을 것이다. 그들의 삶의 조건이 지금보다 비교할 수 없을 정도로 열악하고 척박했다 할지라도 아마 우리 사회 구성원들이 느끼는 사회적 지위와 신분에 대한 신경증적 불안에 시달리지는 않았을 것이다.

  2010년에 개봉했던 박중훈, 정유미 주연의 영화 〈내 깡패 같은 애인〉에서 동네 건달 동철은 입사 시험에서 번번이 떨어져 낙담에 빠진 여주인공 세진에게 분식집에서 라면을 먹다 말고 이런 말을 한다.

"하여간 요즘 백수 애들은 다 착해빠졌어. 자기가 잘못해서 취직이 안 되는 줄 알아. 다 정부가 잘못해서 그런 건데. 야! 너는 너 자신 욕하고 그러지 마. 네 잘못 아니니까."

어찌 보면 빤하기만 한 그 말에 세진은 어이없어하면서도 예상치 못한 위로를 받는다.

알랭 드 보통은 현대 사회에서 개인이 불안한 원인을 '사랑에 대한 갈망', '속물근성', '기대', '능력주의', '불확실성'에서 비롯한다고 진단하며 '철학', '예술', '정치', '기독교', '보헤미안적 생활 방식'이라는 다섯 가지 처방책을 제시한다. 그리고 이렇게 첨언한다.

"우리의 성공과 실패를 냉정하게 평가해본다면 우리 자신을 자랑하거나 창피해할 이유가 그리 많지 않다고 느끼게 된다. 실제로 벌어지는 일 가운데 많은 부분은 우리 행동의 결과가 아니기 때문이다."

이 말이 누구에게는 위로일 수 있지만 누구에게는 무책임한 말로 들릴 수 있다. 어쩌면 자신의 실패나 성공을 모두 외부 요인으로 여기는 말로 들릴지도 모르겠다. 사실 개인의 성공과 실패는 대부분 내·외부적 요인이 모두 합쳐져 만들어진다. 어떤 요인이 더 결정적인 것이냐 하는 판단은 가치관이나 세계관에 따라 달라진다. 누가 어떤 관점을 받아들이느냐는 결국 개인의 몫일 수밖에 없다. 그럼에도 간과하지 말아야 할 것은 현재 우리 사회에서는 성공과 행복을 느끼는 이들보다 패배와 불행을 느끼는 이들이 월등히 많아 보인다는 사실이다.

학교 현장을 돌아보면 더욱더 명확해진다. 학교를 그만두고 싶은 학생, 어쩔 수 없이 등교하고 있지만 무의미하다고 여기는 학생, 언제 사직할까 고민하는 교사, 단지 먹고살기 위해 어쩔 수 없이 다니는 직장으로 여기는 교사들이 무척이나 많기 때문이다. 결국 그들의 삶은 행복보다는 불행과 더 가까워 보이는데, 알랭 드 보통이 말했듯 그들 자신의 행동이 빚어낸 결과라기보다 그것을 야기한 구조와 시스템 탓이 더 크다고 보는 게 타당할 것 같다.

염려나 불안과 대비되는 단어로 평화를 의미하는 히브리어 '샬롬(Shalom)'을 생각해본다. 평화는 소극적인 평화와 적극적인 평화로 나누어볼 수 있다. 라틴어 '팍스(Pax)'가 단순히 전쟁이 없는 상태인 소극적 평화를 의미한다면 히브리어 '샬롬'은 사회 구조적인 폭력이나 비가시적인 문화적 폭력이 사라진 적극적인 평화를 의미한다. 여기에는 정의와 평등에 기초하여 모든 존재가 존엄성을 인정받는 상태이자 불평등 해소 같은 사회 정의의 개념도 포함되어 있다.

우리 교육이 장차 경쟁과 배제를 넘어 평화교육으로 나아갈 때 학교 구성원들, 특히 교사들의 염려와 불안도 해소되고 사라진 공동체도 회복할 수 있지 않을까 희망해본다. 그런 의미에서 2013년부터 〈덕양중학교 교육 과정 운영계획〉에 빠짐없이 등장하는 덕양중학교 교육 과정 총론을 음미해보는 것도 의미 있을 것 같다.

평화를 의미하는 히브리어 '샬롬'은 전쟁 없는 상태를 넘어, 정의와 평등에 기초하여 모두가 최상의 존재 상태를 유지하는 지속적인 평화 상태를 의미한다.

평화교육은 인간의 삶을 구성하고 있는 네 차원(개인적·주관적 차원, 대면 접촉의 차원, 사회적·정치적 차원, 생태적·우주적 차원)에서 서로를 살리는 상생의 관계를 맺어갈 수 있는 능력을 기르는 것이다.

덕양중학교 교육 과정에서 의미하는 평화교육은 개인적 차원에서 스스로를 이해하고 다른 사람과 공동체, 세계, 자연과의 올바른 관계를 맺고 그 속에서 일어나는 여러 갈등과 문제를 이해하고 해결하는 안목과 힘을 길러주는 교육으로 규정하고자 한다.

한 아이를 키우기 위해서는
온 마을이 필요하다

Chapter 8

덕양중학교 입학식에 참가했던 한 아버지가 어린 시절 이야기를 들려준 적이 있다. 장남이었던 이 분은 엄격한 아버지에게 사랑받지 못하고 자랐다. 초등학교 4학년 때부터 가족들 밥을 지어야 했고, 6학년 때부터는 지게를 지고 농사일을 도와야 했다. 마치 소설책에서나 보던 풍경이 그 아버지 입에서 흘러나왔다. 이 경험이 단지 한 세대 전 이야기라는 게 놀라운 한편으로 우리 사회가 그만큼 빠르게 변화했다는 사실을 실감했다. 아울러 세대마다 공감이나 소통의 장벽이 높을 수밖에 없다는 생각이 들었다.

"저는 살면서 아버지한테 따뜻한 사랑의 말을 단 한 번도 듣지 못했습니다. 그래서 그런지 자식 놈에게 사랑을 표현하는 것도 서툰 것 같습니다."

나는 그 아버지 이야기를 들으면서 자연스럽게 내 어린 시절을 떠올렸다. 내 아버지 또한 바깥에서는 새마을 지도자로 행세하셨지만 집안에서는 술고래일 뿐이었고, 남들에게 속아 재개발 아파트 입주권을 술 몇 잔에 집터 일부를 넘겨줄 만큼 세상 물정에 어두웠다. 어린 시절, 할아버지에게 받은 상처와 그 자신의 삶에 대한 상처를 안으로만 삭이면서 술로 풀어냈다. 그래서 어머니는 언젠가부터 오직 아들만 바라보고 의지하며 살았다. 그랬던 아들이 결혼하고 나서 달라지는 걸 보고 어머니 역시 커다란 상실감에 시달렸을 것이다. 이런 가정사를 보면 어머니와 아내 사이에 벌어진 고부간의 갈등도 어쩌면 예정된 것이었다는 생각이 든다.

대한민국에서 1970~80년대 이전에 어린 시절을 보낸 대부분의 아버지는 정도와 내용은 다르지만 거의 비슷한 상황을 겪었을 것이다. 대부분의 아버지가 사랑의 결핍으로 인한 아픈 상처들을 가지고 있다. 게다가 그 아픔들은 아버지 세대에 그치지 않고 자식 세대로 이어지는 경우가 많다. 그럼에도 나는 학교 입학식에서 어머니 대신 직장에 연가까지 내고 참석한 아버지들을 보았다. 그들에게서 자녀에 대한 흔들리지 않는 든든한 사랑을 확인할 수 있었다. 아버지들은 다만 익숙하지 않은 것이다. 자식을 사랑하지만 그것을 어떻게 실천하고 표현해야 하는지를.

부모에게도 학교가 필요하다

언젠가 아버지 캠프를 열었을 때도 비슷한 느낌을 가졌다. 모둠별로 각자의 어린 시절 추억을 이야기하는 시간이었다. 아버지들에게는 공통점이 있었다. '옛날 내 아버지가 만들어준 추억'에 대해 말하는 것을 무척 어려워했다. 아버지들에게는 그들의 아버지가 만들어준 재미있는 추억이 거의 없었다. 많은 아버지가 자식들에게 사랑을 나누고 베풀어주는 학습을 제대로 받아보지 못한 것이다. 그런 아버지들이지만 자기 자녀에게만은 좋은 추억을 만들어주려고 열심히 노력하는 모습에 가슴이 찡했다.

아버지들은 자녀들과 함께 여행하기, 운동 함께하기, 캠프 참여하기, 텃밭 가꾸기 등 재미있는 추억거리를 만들려고 나름 노력하고 있었다. 이전 세대의 아버지들이 경제적인 부분만 채워주면 된다고 생각했다면 지금 아버지들은 가족과 함께하는 시간 또한 소중하게 여겼다. 이러한 변화는 참으로 소중했다. 경제적인 문제를 핑계로 우선순위를 정해 자녀들과 시간을 보내지 않는다면 어린 자녀들과 함께하는 시간은 영영 흘러가 버려 다시 돌아오지 않기 때문이다.

아버지로서의 나를 다시 되돌아본다. 사실 내면치유를 공부하기 전까지 나는 자녀들에게 무척 엄격한 아버지였다. 내 아이가 전교 일등을 하지 않으면 성에 차지 않았다. 훗날 그런 내 내면을 가만히 들여다본 뒤에야 깨달을 수 있었다. 내가 순전히 아이가 잘되기만 바라고 그렇게 행동한 게 아니었음을 말이다. 아이가 다니는 학교에 내가 아는 동료, 후배 교사들이 근무해서 내 체면을 위해 아이가 일등하기를 바랐던 것이다. 아이를 위한다고 하면서도 내심으론 내 자신의 욕심만 채우려 한 것이다. 둘째 아이에게도 마찬가지였다. 조금이라도 공부에 집중하지 않으면 부부가 교대로 엄격하게 통제하며 강제로 공부를 시켰다. 아이가 가수 '비'의 공연을 보러 간다고 했을 때, 아이 입장은 고려하지도 않고 대답했다.

"지금 밖에 비가 오는 거 보면 됐지, 무슨 비 공연을 보러 간다고 그래!"

내면치유를 공부하고 난 뒤 그런 내 모습이 얼마나 잘못된 것이었는지 비로소 깨달았다. 내 안의 억압된 내면아이, 인정받고 싶은 내면아이, 거절당한 내면아이가 도사리고 있으면서 아이와 갈등을 빚는 것이었다. 나는 아이에게 진심으로 사과했다.

"그동안 힘들었지? 아빠가 정말 너한테 미안하다. 아빠를 용서해라."

부모가 아이에게 사과할 때는 진심을 다해야 한다. 아이가 "됐으니까 그만해!"라고 말할 때까지, 부모로서 왜 그랬는지 상황을 솔직하게 고백해야 한다.

지금 내 아이들은 모두 자랐고, 큰아이는 결혼도 했다. 내가 그때 이야기를 꺼내면 큰아이는 내가 억압했던 일이 기억나지 않는다고 말한다. 참으로 고마운 일이 아닐 수 없다.

부모가 자녀에게 진심 어린 사과를 한다는 건 우선 건강한 자존감이 형성되어야만 가능하다. 자존감이 있는 사람만이 자신의 잘못을 솔직하게 인정할 수 있다. 나 역시 내면치유를 통해 스스로의 자존감을 회복했기에 가능한 일이었다. 내면치유 공부를 하면서 겪게 된 긍정적인 변화였다. 부모인 나, 학교 교사인 내게도 학교가 필요하고 공부와 치유가 필요했던 것이다.

행복한 공동체 안에서 부모는 다시 성장할 수 있다

'이슬비 사랑 학부모 교실'의 한 모둠 이름은 '엄마는 성장 중'이었다. 참으로 적절한 이름이라는 생각이 들었다. 학생이 성장하는 것은 당연하게 여기면서 교사나 학부모가 성장하는 것은 간과하는 경우가 많은데, 그런 맹점을 잘 알고 있는 이름이었다. 정말 이름 그대로 부모들은 학부모 교실에 참가하면서 아이와 함께 성장했다. 실제로 아이들만 땡감인 게 아니라 부모나 교사도 나이만 먹었을 뿐 내면은 똑같이 땡감인 경우가 많다. 그렇게 자기 자신의 상태를 정확하고 냉정하게 파악하는 순간 변화는 시작됐다.

물론 처음에는 어려움이 많았다. 덕양중학교 주변에는 경제적으로 어려운 가정이 많았다. 먹고살기도 바쁜데다 삶에서 이런저런 일로 치이고 상처를 받아 그저 안으로 삭이고만 사는 부모님이 많았다. 그래서 처음에는 딱 3% 참여만 목표로 잡고 일일이 가정마다 전화를 드리고 취지를 설명했다.

"어머님, 이번 주 목요일 저녁에 학부모 교실을 엽니다. 꼭 참석해주십시오."

"근데, 제가 마트 일이 8시에나 끝나서요."

"그러시군요. 그럼 9시부터 시작하도록 하겠습니다. 그러니 늦더라도 꼭 참석해주십시오."

나 또한 물러서지 않고 한 분 한 분 끈질기게 설득해나갔다.

처음에는 새로 부임한 교장의 권유를 받고 뿌리치지 못하여 반신반의하며 참가한 학부모들이 많았다. 그러나 이슬비 사랑 학부모 교실은 내가 재임한 8년 동안 특별한 일이 없는 한 매학기 매주 목요일마다 계속되었다.

　머쓱하고 어색해하는 학부모들 앞에서 내가 먼저 내 이야기를 솔직하게 털어놓았다. 그렇게 조금씩 각자의 속내를 이야기하는 시간으로 만들어나갔다. 그러자 이슬비에 옷이 젖어들듯 학부모들의 태도가 서서히 변해가는 게 보였다. 처음에는 자녀들, 학생들의 교육에 대한 이야기로 시작했지만 어느 순간 학부모 자신들의 이야기로 바뀌어 있었다. 학부모 교실을 안전하고 믿을 만한 공간으로 여기면서 하나둘씩 자신의 내면을 내려놓고 아픔을 털어놓기 시작했다.

　누군가 꾹꾹 눌러 담은 자신의 아픔을 털어놓자 도미노 현상처럼 다른 학부모도 아무에게도 열지 않던 자신의 내면을 털어놓았다. 그러다 보니 언젠가부터 목요일 저녁 덕양중학교 도서관에서는 울음소리가 끊이지 않았다. 깊은 마음속에서 올라오는 울음은 그것 자체로 치유의 효과가 있다. 자신의 눈물에 공감해주는 공동체를 만났을 때, 아픔을 치유하는 길 또한 열린다.

　사춘기 아이들을 키우는 부모들은 모두 힘들었다. 자녀와의 갈등의 끈을 따라가 보면 잊고 지내던 자기 자신의 어린 시절 아픔과 맞닿아 있었다. 모든 부모는 서로 완전히 다르면서도 비슷한 아픔을 지니고 있었다. 학부모들은 어느 정도 유대감이 형성되자 이내 서로를 격려하고 지지해주었다. 다른 어떤 모임보다 더 인간적인 유대감을 형성해나간 것이다. 그렇게 시작한 학부모 교실을 통해 학부모 공동체가 만들어졌고, 그분들이 자녀들과 함께 성장하면서 '행복한 배움의 공동체'를 만들어나가는 든든한 지원군이 되어주었다.

내 상처 너머 다른 이의 상처에 공감하고 연대하다

"저는 이슬비 사랑 학부모 교실이 처음에 뭔지 몰랐어요. 그냥 내 아이가 말을 잘 안 하니까 한 번 참여하면 관계가 회복될 수 있지 않을까, 그런 생각으로 참여했어요. 그러다 뜻하지 않게 제 자신을 발견한 거예요. 물론 아이도 지금은 이야기를 해요. 처음에 이곳에서 제 깊은 속내를 털어놓았을 때는 너무 후회했어요. 내가 미쳤지. 왜 내 속의 그런 모습을 다른 부모들 앞에서 다 쏟아내고 이야기하나 하고 후회했어요. 하지만 그 과정에서 옛날에 상처받았던 내 자신을 다시 안아주면서 그 상처가 약간은 치유된 것 같습니다. 오히려 그때 내 속의 아픔을 더 많이 터뜨리지 못한 게 아쉬울 정도예요."

"우리 아들이 머리를 길게 기르는데, 중학교 때 머리 안 잘라도 되는 학교 좀 보내주면 안 돼? 하고 묻더라고요. 그러다가 저희 집 아래 카페가 있었는데 그날 우연히 다른 학부모를 만났고, 그분이

제 아들을 덕양중학교에 보내라고 권해서 오게 됐어요. 이슬비 사랑 학부모 교실도 처음에는 다른 학부모를 따라서 온 거였죠. 지금 이슬비 사랑이 내게 어떤 의미였나 생각해보니 새삼 감사하다는 느낌이 들어요.

그 전에는 내가 나이를 먹으면서 순수한 마음이 사라지고 누구를 만나도 특별히 기쁘지도 않고 내 마음을 많이 내주기도 어렵다고 생각했거든요. 그런데 학부모 교실에 나오면서 학교를 한 번 더 다니는 그런 기분이 들었어요. 제 어린 시절과 어려움을 돌아보고 내면을 다질 수 있는 기회가 되었어요. 그런데 제 딸이 다시 덕양중학교에 오면서 삼 년 뒤에 다시 듣다 보니 그때와 또 다른 감동이 있네요. 그때는 저를 다시 바라보고 그런 게 좋았지만 이제는 이게 나 혼자만 좋은 게 아니라 여기 계시는 분들과 함께 나누고 공감하고 연대하는 거라는 것을 깨닫고 또 다른 감동이 밀려왔습니다. 그런 것들이 제 삶에 얼마나 단단한 힘이 되나 깨달았던 시간이었어요."

"홍시가 될 때를 기다려야 한다고 얘기하셨잖아요. 그런데 그 말을 요즘 참 많이 느껴요. 알고 보니 다름 아니라 제가 땡감이었더라고요. 우리 애들이 땡감인 게 아니라 바로 제가요. 그리고 이제야 제 아이들을 바라보는 제 마음이 조금은 익어가는구나, 하는 생각이 많이 들었어요. 제가 가지고 있는 상처를, 이야기를 풀어

내면 치유가 될 거라고 생각했지만 다른 분들 이야기를 들으면서 내 마음에 위로가 생기고 그 아픔이 또 내 아픔인 것처럼 느껴지고 그런 순간순간들이 너무 소중하고 행복하다고 느꼈어요."

이슬비 사랑 학부모 교실 수료식에서 학부모들이 말한 소감 일부이다. 학부모들은 자기 자신의 내면을 들여다보고 상처를 치유하고 어느덧 다른 이들의 상처에도 공감하며 훌쩍 성장해 있었다. 땡감이었던 학부모들이 조금씩 익어가고 서로 연대하면서 배움의 공동체를 이끌어나가는 주인으로 우뚝 섰던 것이다.

아이들의 얼굴은 부모가 그린 그림이다

어느 날 마음지원센터에 한 학생이 상담을 받으러 왔다. 자주 자해를 해서 자기 자신뿐만 아니라 부모 마음에도 깊은 상처를 주던 아이였다. 아이는 상담실에 들어와서도 입을 꾹 다물고 있었다. 나는 덕양중학교 교장실에서 학생들에게 자주 썼던 방법을 사용했다.

"네 마음을 그림으로 표현해보렴. 글로 쓰고 싶으면 글로 써도 돼!"

그래도 학생은 묵묵부답인 채 가만히 앉아만 있었다. 시간이 지나면서 나 역시 조금씩 인내심에 한계를 느끼던 차였다. 마침내 아이가 손에 연필을 쥐더니 글을 쓰기 시작했다. 이어서 그림도 그렸다. 그런데 아이가 그린 그림을 보고 나는 깜짝 놀라고 말았다.

"아니, 이게 뭐야? 너, 그림 진짜 잘 그린다!"

아이를 비행기 태우려고 과장해서 하는 말이 아니었다. 아이는 정말로 그림을 잘 그렸다. 나는 아이에게 다시 말했다.

"네 마음을 한번 그림으로 표현해봐. 그리고 그걸 이야기해줄래?"

그렇게 아이와 그림으로 이야기하는 시간이 시작되었다. 시간이 지나면서 아이는 꼭 그림이 아니더라도 조금씩 마음을 터놓았다. 나중에 관계가 좋아진 뒤에 아이 어머니가 나를 찾아왔다. 어머니가 말하기를 아이가 일주일 동안 밤잠도 안 자면서 그림을 그렸다는 것이다.

아이는 그림에 소질이 있었다. 아이가 그린 그림은 내 캐리커처 10장이었다. 그중엔 십대 소년 같은 모습도 있었다. 모두 마음에 드는 그림이지만 하나를 골라 명함에 넣었다.

아이는 어린 시절 살았던 집을 상상으로 방문하고, 당시 있었던 일을 그림으로 그린 뒤에 설명했다. 그렇게 자기 삶을 객관화해 표현하면서 아픔을 이겨내는 중이었다. 조금씩 치유의 길로 나아가고 있다. 지금 그 아이는 애니메이션을 전공하고 싶다고 하는데 자기 삶을 능동적으로 잘 이끌어나갈 것이다.

어린 시절 엄마와 아빠의 심한 갈등으로 인해 아이가 겪었던 아픔, 부모의 방치 등이 아이의 얼굴을 어둡게 하고 자해하도록 만들었던 것이다.

덕양중학교에서 매일 등교 시간마다 '아침맞이' 행사에서 가장 먼저 확인할 수 있는 건 바로 아이들의 달라진 얼굴 표정이다. 학부모 교실에 참가한 부모들, 자기 내면을 돌아보고 깨우친 부모들의 자녀 얼굴은 확연히 달라져 있었다. 부모의 마음이 자녀의 마음에 고스란히 전달돼 해맑은 아이 표정에 담긴 것이다.

아이들에게 미소를 지어주는 작은 습관의 변화

하루는 교장실에서 업무를 보고 있는데, 와장창 유리창 깨지는 소리가 들렸다. 아이들 중 한 명이 사고를 친 게 틀림없었다. 운동장으로 나가 보니 우진이라는 아이가 난처한 얼굴로 얼어붙어 있었다. 함께 공놀이를 하던 친구들도 놀란 표정으로 머뭇머뭇 다가왔다. 학교 뒤뜰에서 공놀이를 하다가 우진이가 복도 유리창을 깨뜨린 것이다. 다행히 다친 아이는 없었다. 행정실에서 달려 나온 직원들이 유리 조각을 치우기 시작했다. 그때 내 눈길이 잔뜩 겁먹은 우진이와 마주쳤다.

그 순간 나는 조심하지 않고 유리창을 깬 것에 대해 버럭 화를 내거나 여유 있는 표정으로 괜찮다는 미소를 보내거나 둘 중 하나를 선택해야 했다. 나는 미소 짓는 쪽을 선택했다. 그제야 긴장한 표정이 역력하던 우진이의 얼굴이 펴지며 작은 목소리가 들렸다.

"죄송해요!"

우진이는 이미 자신의 실수를 인정하고 있었다. 평소에도 성실하고 착한 아이로 내 머리에 입력되어 있던 아이였다. 그래서 자연스럽게 미소와 함께 "괜찮다."는 메시지를 보낸 것이다. 만약에 늘 말썽을 일으키는 아이였다면 나는 어떤 표정을 지었을까? 문득 그런 생각이 스쳐 지나가면서 마음이 복잡해졌다.

나는 오래전 학급 담임을 맡았을 때부터 아이들에게 가능하면 미소를 지어주기로 결심했다. 마음에 들지 않는 상황에서도 미소를 짓는 훈련을 했다. 내가 얼굴에 미소를 자주 머금자 아이들도 조금씩 내게 편안하게 다가왔다. 경계를 허물고 긴장 없이 편안한 마음으로 대화를 할 수 있게 된 것이다.

학급에 흐르는 전반적인 분위기도 '평화로움', '안정감', '즐거움', '존중', '희망', '만족', '함께' 같은 정서가 유지되도록 노력했다. 그러자 아이들 입에서 '행복한 학급'이라고 말하는 게 내 귀로 들려왔다. 이 경험이 습관이 되어 미소가 이어졌던 것이다. 아이들에게 미소를 지어주는 작은 습관의 변화가 고스란히 '행복한 학교생활'과 '마음의 즐거움'이 되어 내게 돌아왔다. 이처럼 아이들 얼굴 표정을 만드는 건 일차적으로 어른들 책임인 것이다.

작은 칭찬이나 격려 하나가 아이에게 소망을 심어준다

정신과 의사였던 데이비드 호킨스(David R. Hawkins) 박사는 사람들의 말과 감정의 에너지 수준을 이해하기 쉽도록 센서로 이용해 수치로 표현한 실험 결과를 발표한 바 있다. 오랜 세월 동안 수백만 번에 걸친 실험을 통해 얻은 에너지 수준 결과를 토대로 호킨스 박사는 '200의 10승' 이하 수준의 정서를 받는 개인이나 사회는 파괴적인 삶을 살게 된다고 말했다. 가장 낮은 에너지 수준은 20(20의 10승)으로 '수치심'이었다.

"수치심은 위험할 정도로 죽음과 가장 가까운 상태로서 더는 살고 싶지 않지만 자살할 수도 없으니 마지못해 살아가는 감정"이라고 진단했다.

또한 모욕을 당하거나 사람 취급을 받지 못했을 때 아픔을 치유하지 않으면 그 폐해가 평생 계속된다고 했다. 그 밖에 숫자로 표기된 부정적인 감정들로는 죄의식(30), 무기력(50), 낙담(75), 두려움(100), 욕심(125), 분노(150) 등이었다.

어떤 인문계 고등학교에서 수능이 끝난 이후 3학년 학생들을 대상으로 '부모에게 받는 부정적인 정서 에너지'를 설문 조사한 적이 있었다. 설문을 통해 받아본 내용은 심각했다. 부모와의 갈등과 억울한 감정을 호소하는 학생들의 감정은 대부분 분노의 감정(150)이었다. 설문을 통해서 학생들의 이야기를 구체적으로 들어 보니 현실은 더 걱정스러울 정도였다. 부모들은 아이들이 상처받을 만한 말을 스스럼없이 던지고 있다는 것을 알게 되었다.

"○○이는 성적이 올랐는데 너는 어쩌자고 이번에 또 성적이 떨어졌니?"

"세상에 너 같은 고3은 없을 거야!"

"웬일로 오늘은 공부를 다 한대!"

"너, 갈 대학이나 있냐!"

"내 그러게 뭐랬냐. 진작부터 열심히 하라고 그랬잖아."

부모들이 하는 이런 말들에는 이미 부정적 감정이 잔뜩 담겨 있다. 사실만을 말하는 게 아니라 선입견과 무시의 감정을 내포하고 있다. 사실상 이런 말들은 대화를 하자는 게 아니라 싸우자는 선전포고나 다름없다. 특히나 감수성이 예민한 청소년기에는 부모들이 툭툭 던지는 말 한마디에도 아이들은 모멸감과 수치심에 휩싸일 수 있다. 그만큼 감정이 예민한 시기이기 때문이다. 그리고 그런 감정은 고스란히 아이들의 무의식에 부정적인 자아상으로 뿌리내릴 확률이 높다.

덕양중학교에서 실시한 평화로운 대화법은 ①사실 관찰 ②느낌 ③욕구/필요 ④부탁의 과정으로 진행되는 대화법이다. 그 대화법에 따른다면 부모들이 던진 말들은 다음과 같은 말들로 바뀌어야 한다.

"수진이는 이번에 성적이 많이 떨어졌구나."

"엄마는 수진이가 걱정이 좀 많이 되는구나."

"성적 때문에 하는 말은 아니야. 혹시 무슨 일이 있는 건 아닌지 염려해서 그래. 힘든 게 무언지 엄마에게 말해줄래? 그래야 엄마가 도울 수 있지 않겠니?"

"엄마는 수진이가 힘들더라도 1년만 조금 더 힘을 내주면 좋을 것 같아. 결과만을 위해서는 아니란다. 자기한테 주어진 길이라면 최선을 다해야 나중에 후회도 없으니까 하는 말이야."

"오늘 공부하는 모습을 보니 엄마 기분이 참 좋네."

"최선을 다한 사람은 결과에도 초연할 수 있어. 그러니 늦었다고 생각하지 말고 마지막까지 파이팅 하자!"

사람의 말은 기분이나 감정만을 좌우하는 게 아니다. 말에는 강력한 예언적 기능이 있다. 인상적인 말은 긍정적이든 부정적이든 그 사람의 무의식에 강렬하게 각인돼 그의 삶에 커다란 영향을 미친다. 그래서 부모나 선생님 같이 청소년에게 영향력이 큰 사람들은 특히 언행에 신중해야 한다. 작은 칭찬이나 격려 하나가 아이에게 소망을 심어주고 죽어가던 생명을 살리기도 한다.

또한 말은 그 한마디로 상대가 어떤 사람인지 나타내고 알게 해준다. 좋은 말과 친절한 말을 하면 좋은 사람과 친절한 사람이 되고, 그런 사람 주변에는 그 말을 통해 힘을 얻으려고 많은 사람들이 알게 모르게 다가온다. 반대로 부정적인 말이나 거친 말을 하면 불편한 관계로 이어져 성장이나 배움이 일어나기 힘들다. 사실 좋은 교육 프로그램보다 더욱 중요한 건 부모나 교사의 말일 것이다.

부모의 말과 행동이 그 아이의 얼굴 표정과 인상을 바꾸고 나아가 삶을 바꾼다. 아이들의 얼굴은 부모가 그린 그림인 것이다. 대한민국 아이들이 씩씩하고 해맑고 순수한 표정을 지을지 낙담에 차고 우울하고 어두운 표정을 지을지는 앞으로 대한민국 어른들의 태도와 말과 행동에 달려 있지 않을까.

부모의 성찰과 진심 어린 사과가 가져온 자녀의 행복

내 소중한 딸 경희야!

오늘 교장 선생님 강의를 듣고 그동안 아빠가 너에게 얼마나 많은 잘못을 했는지 알게 되었단다. 이 강의를 듣게 된 것도 너와 잘 지내고 싶어서였단다. 그동안 아빠가 직장에서 받은 스트레스나 엄마와의 관계에서 짜증나는 일이 있을 때마다 너에게 화풀이를 한 적이 많다는 것을 알게 되었단다. 그동안 단 한 번도 부모 역할에 대해 공부한 적이 없던 아빠는 오늘 강의를 통해 네 마음을 얼마나 상하게 했는지 알게 되었고, 이렇게 너에게 편지를 쓸 수 있는 시간이 있어 용기를 내어 이 글을 쓰게 되었단다.

사랑하는 딸 경희야!

앞으로는 네가 말을 할 때 적극적으로 경청할 것을 약속한다. 네가 마음을 터놓고 말을 할 수 있는 아빠가 되도록 노력할 거야. 네 생각을 존중하고 네가 말할 때 무시하거나 잘라버리며 화내지 않도록 노력할 것을 다짐했단다.

미안해! 그리고 사랑한다. 딸아.

이슬비 사랑 학부모 교실에서 자녀에게 쓴 어느 아버지의 편지글이다. 참석자 모두가 자녀에게 용서를 구하는 편지를 쓰는 시간이 있는데, 그때 나온 편지이다. 이 아버지는 편지를 쓰면서 눈물을 보이기도 했다. 다시는 기분 내키는 대로 딸에게 화풀이하지 않기로 다짐했다. 그리고 진실한 마음으로 부모의 잘못을 고백했다. 장황하게 변명해 또 다른 잔소리처럼 들리지 않게 함으로써 딸과의 관계를 바꾸는 좋은 계기로 만들었다.

물론 아이를 키우다 보면 화도 나고, 힘든 일이 한두 가지가 아닐 것이다. 그렇기에 부모도, 자녀도 함께 성장하는 것임을 인정해야만 한다. 그것은 부모가 자기 자신과 자녀와의 관계를 성찰하는 것으로부터 시작해야 한다.

며칠 뒤에 교문에서 만난 경희 표정은 무척 밝았다. 무거운 짐 하나를 벗어버려서 날아갈 것처럼 홀가분한 기분이었을 것이다. 부모의 조그마한 결심과 진심 어린 사과가 십대 자녀에게 행복과 건강함을 되돌려준 것이다. 그것은 또한 고스란히 부모의 행복과 건강함으로 되돌아갈 것이다.

한 아이를 키우기 위해서는 온 마을이 필요하다

"선생님, 교장 취임을 축하드립니다. 그런데 이 학교는 지금 폐교를 걱정해야 할 처지입니다. 학생 수가 더 줄어들어서는 안 됩니다."

2012년 덕양중학교 교장에 취임했을 때 나를 축하해주러 온 교육장의 말은 뜻밖에도 그랬다. 확인해보니 정말로 이듬해에 입학할 초등학교 6학년 학생이 12명밖에 되지 않았다. 개중에 4명은 군인인 아버지를 따라 전근을 간다고 해서 고작 8명만 신입생으로 받아야 할 처지였다. 당시 전교생 150명 미만인 학교는 학교 통폐합 대상이었다. 특히 덕양중학교는 일산 신도시와 가까웠고 주변에 다른 중학교도 많아서 매년 통폐합이 거론되는 학교였다.

교육부 입장에서는 작은 학교들을 합쳐서 하나의 큰 학교로 만들면 예산을 절감할 수 있는 장점이 있어서 통폐합에 적극적이었다. 그때마다 나는 매번 제대로 된 배움이 일어나려면 '작은 학교'가 살아나야 한다는 것을 역설했다. 덕양중학교는 그때보다는 늘었지만 여전히 전교생 200~220명 수준의 작은 학교를 유지하고 있다. 혁신학교로 성공한 이후에는 통폐합 논의가 더 나오지 않고 있다.

당시 덕양중학교 지역에는 불우하고 어려운 가정이 많았다. 그곳 땅 주인들은 언젠가 그린벨트가 해제되면 땅값이 오를 거라 기대하고 땅을 사놓은 부자들이었지만 정작 살고 있는 주민들은 도시에서 밀려난 가난하고 힘없는 분들이었다. 그때까지도 연탄으로 난방을 해서 연탄가스에 중독되는 아이가 있는가 하면 공동화장실을 쓰는 집도 있었다. 내가 보기에는 이렇듯 낙후된 지역의 아이들이 버스를 타고 도심지 학교를 다니면 적응하지 못할 것 같았다.

나는 직접 통폐합을 저지하고 학교 살리기에 발 벗고 나섰다. 그때부터 인근 초등학교는 물론 다른 지역 초등학교까지 덕양중학교를 알리러 다니기 시작했다. 다행히 '행복한 배움의 공동체'라는 혁신학교의 비전과 교육 방침이 알려지면서 8명에 불과하던 입학 예정자가 50명 가까이로 늘었다. 그렇게 2012년에 134명이던 전교 학생 수가 160명, 180명, 200명, 220명까지 늘어났다.

덕양중학교가 성공적인 혁신학교로 알려지면서부터는 상황이 역전되었다. 떠나가던 학교에서 찾아오는 학교가 된 것이다. 지역사회 학교 교육에 실망해서 자녀를 서울이나 신도시로 보냈는데 이제는 학부모와 학생들이 다시 찾아오기 시작한 것이다. 지금은 약 60~70%가량의 학생이 학군 외에서 찾아와 입학하는 학교가 되었다. 그러자 자칫 가난한 동네 아이들과 새로 들어온 외지 아이들 사이에 위화감이라도 조성되면 어떡하나 은근히 걱정되었다. 그런 걱정이 기우였음을 알게 된 일이 있었다. 오히려 "학생들 사이에 공동체에 대한 인식이 살아나고 있구나." 하고 안도했던 순간이었다.

두 아이의 순수한 눈망울이 보여준 공동체의 꿈

덕양중학교 교장으로 취임한 지 2년 정도 흐른 뒤였다. 내가 있는 교장실은 언제나 개방해서 쉬는 시간마다 아이들이 들러 노는 사랑방으로 변한 지 오래였다. 그렇게 자주 놀러오며 조잘조잘 이야기도 잘하던 형민이가 어느 날 내게 자랑하듯이 말했다.

"교장 선생님! 저, 지난 주말에 1박 2일 동안 친구네 집에 놀러 갔어요."

"어, 그래? 누구네 집에 놀러 갔는데?"

"윤석이네 놀러 갔어요."

"오, 그래! 재미있게 놀았어?"

"네. 재미있었어요. 그런데 교장 선생님 있잖아요. 와, 윤석이 네는 상암동에 있는데요, 정말 놀랐어요. 집이 어마어마하게 커요. 화장실도 두 개나 되는데요. 큰 화장실 하나가 꼭 우리 집만 해요."

형민이는 마치 그렇게 큰 집을 구경하고 온 것을 자랑하듯 이야기했다. 형민이는 바로 학교 근처에 자리한 후미진 골목, 허름한 집에서 살아가는 아이였다. 거실이 주방과 붙어 있고 방 한 칸에 할머니와 동생과 함께 말 그대로 온 가족이 바글바글 살아가는 열악한 구조의 집이었다. 화장실도 몇 가구가 공동화장실을 쓰고 있었다.

그런 형민이를 보며 나도 웃고는 있었지만 어쩐지 가슴 한쪽이 메어지듯 아팠다. 형민이의 어려운 가정 형편이 눈에 훤히 보였기 때문이다. 하지만 정작 그렇게 말하는 형민이는 티 없이 맑게 웃고만 있었다.

그 웃음을 보자 이상한 안도감이 밀려들었다.

'이 아이들은 가정 형편이 어려운 친구나 부유한 친구나 서로 허물없이 어울려 잘 놀고 있구나.'

가정 형편이나 성적에 구애받지 않고 서로 순수하게 이야기할 수 있다는 것 자체가 아이들이 건강하고, 학교가 건강하다는 증거가 아닐까.

'더불어 사는 공동체를 만들려고 했던 노력이 그래도 조금은 결실을 맺는구나.'

많은 생각이 교차하는 걸 느끼면서 나도 질문을 던졌다.

"그럼 윤석이도 형민이네 집에 놀러 간 적 있어?"

"그럼요! 지난번에 와서 한참 놀다가 갔어요."

그 순간 아이들이 얼마나 고마웠는지 모른다. 순수한 아이들의 마음에 감동이 밀려왔다. 어쩌면 앞으로도 평생 그때의 감동을 잊지 못할 것만 같다.

공동체란 그런 것이다. 두 어린 십대 아이들이 공동체란 무엇인지 내게 보여주고 있었다. 그런데 조금만 눈을 돌려보면 우리 사회에서는 전혀 다른 일들이 아무렇지 않게 벌어지고 있다. 저소득 임대아파트 아이들과 같은 학교에 다니지 않도록 하기 위해 학군을 조정해달라고 민원을 넣는 부모들, 장애가 있는 아이들이 마음 놓고 공부할 수 있는 특수학교 설립을 자기 동네에 설립해서는 안 된다며 결사반대 시위를 하는 주민들 뉴스를 접하면서 착잡한 심정이 드는 걸 어쩌지 못한다.

장애가 있는 아이, 가난한 부모를 만난 아이들을 공동체가 품어주지 못하면 대체 누가 그들을 품어줄 수 있는가. 지금도 그런 생각을 할 때마다 가슴이 답답하게 막혀온다. 사회가 그들을 격려하고 보듬어주지는 못할망정 손가락질과 혐오를 부추기는 행동들을 서슴없이 하는 부모들이 있는 한 우리 사회가 공동체성을 회복하는 건 요원할지도 모른다.

그럼에도 분명 희망은 있다. 형민과 윤석 같은 아이들, 서로 많이 다르지만 그럼에도 서로 돕고 나누고 상대방의 말을 들으려 애쓰는 아이들, 말을 더듬는 친구, 발표력이 모자란 친구를 차분히 기다려주는 아이들, 그리고 함께 나아가자고 서로를 격려하는 아이들…… 그런 아이들을 바라보는 건 가슴 벅차고 뿌듯한 일이다. 그런 아이들이 학교 담장을 넘어 드넓은 광장으로 나갔을 때 우리 사회는 분명 달라져 있을 것이다.

공동체가 건네는 따스한 빛이 아이를 바꾼다

나는 입학식을 할 때마다 도서관에서 서클을 만들어 학부모들과 이야기를 나눈다. 학부모들에게 솔직한 이야기를 듣고 싶어서였다. 교장인 내가 무엇을 어떻게 도와주기 원하는지, 그리고 왜 우리 학교로 오게 되었는지 허심탄회하게 듣는 시간을 갖는 것이다.

학부모들이 내게 털어놓는 이야기와 사연은 모두 제각각이다. 덕양중학교가 지향하는 '행복한 배움의 공동체'에 십분 공감하는 학부모들도 있고, 어느덧 학교에 대한 소문을 듣고 찾아온 학부모도 있고, 다른 학부모를 따라 자녀를 입학시킨 학부모도 있었다. 그중에는 자녀가 초등학교에서 심하게 따돌림을 당한 사연을 가진 부모도 있었다. 특수학교에서도 적응을 하지 못하고 갈등을 일으키는 장애아 학부모도 있었는데 그런 부모들은 무척 간절한 심정이었다. 나중에는 소문이 많이 나서 한 학급에 한 명만 와도 수업 진행이 어려운 아이들이 한 반에 4~5명이 될 정도로 입학한 적도 있었다.

과연 이런 상황에서 수업이 제대로 이루어질 수 있을까? 나조차도 조금 우려했던 적이 있었다. 그런데 놀랍게도 수업은 기대 이상으로 잘 이루어졌다.

수업에 참여하는 데 어려움이 있는 학생들을 여러 모둠에 골고루 분산시키자 그 아이들을 동료 아이들이 보살피기 시작했기 때문이다. 그러자 수업 시간 내내 여기저기 돌아다니던 아이가 45분 수업 동안 참을성 있게 친구들 수업을 방해하지 않으려고 노력하게 되었다. 모둠별로 수업을 해나가면서 아이들이 서로서로 돕고 보살피는 모습을 보면서 나는 공동체에 대한 확신을 갖게 되었다.

또한 굉장히 무단결석이 잦고 수업에는 관심이 없어 잠만 자던 학생이 있었다. 그 집을 방문하고 나서야 나는 아이의 속마음을 이해할 수 있었다. 아버지는 생활력이 없는 알코올 중독자인데다 어머니마저 집을 나간 지 오래였다. 만약 내가 저런 환경에서 자랐다면 나도 그랬을지 모르겠다는 좌절감이 들었다. 수학여행 경비를 지원해서 학생을 함께 수학여행에 보내기로 했지만 그 아버지는 술 사오고 약 사오는 심부름을 시켜야 한다면서 보낼 수 없다고 거절했다.

어느 날, 학부모회에서 진행하는 '이모 되어주기' 행사의 일환으로 세 분의 어머니가 자원하여 학생의 집을 찾아갔다. 세 분 중 한 분은 어질러진 집안을 청소하고 밀린 빨래를 했고, 다른 한 분은 맛있는 저녁을 준비했다. 그동안 또 한 분의 어머니가 학생의 아버지를 설득하는 작업에 들어갔다. 때로는 아이를 위해서 아버지에게 따지기도 하고, 때로는 구슬리기도 하면서 겨우 수학여행에 동의하는 사인을 받아올 수 있었다. 그렇게 수학여행 날이 되었는데, 아이는 다시 나오지 않았다. 그래서 같은 조 학생들을 보냈는데, 집 안에서 못 가게 하는 아버지 목소리가 들려왔다. 이번에는 담임 선생님이 그 집으로 찾아가 학생을 겨우 데리고 왔다. 수학여행은 무사히 다녀왔지만 번번이 학생은 학교에 잘 나오지 않았다. 그때마다 학생들을 보내고, 담임 선생님이 직접 가서 학생을 데리고 오면서 학교를 무사히 졸업시킬 수 있었다.

그런 어려운 학생들을 겪고 나면 언제나 의문이 들곤 한다. 과연 그렇게라도 졸업을 시키는 게 의미가 있는 것일까.

나는 긍정적인 면을 보기로 했다. 그 학생은 학교에 옴으로써 바르게 살아가는 사람을 볼 수 있을 것이기 때문이다. 무엇보다 많은 어른과 친구 들이 자신을 격려해주고 지지해준다는 사실을 알게 되었을 것이다. 아이 역시 소외된 마음 한편에 공동체가 건네는 따스한 빛 한줄기를 기억할 것이고, 그 빛은 어두운 밤바다의 등대와 같이 아이의 삶에서 언젠가 훌륭한 길잡이가 되어줄 것이라는 희망을 가져보기로 했다.

아이들과 지역사회를 함께 바꾸는 마을교육공동체

"한 아이를 키우기 위해서는 온 마을이 필요하다."라는 말이 있다. 지금은 엄청난 도시화와 도심 재개발 사업 등으로 인해 과거와 같은 마을 공동체는 많이 사라졌다. 그럼에도 교육은 학교에서 끝나는 게 아니라 가정과 지역사회로 이어져야 한다는 점에서 '마을교육공동체' 개념은 여전히 중요하다.

덕양중학교는 마을교육이 이루어지기에는 인적으로나 물적인 조건이 여러모로 불리한 편이었다. 그래서 혁신학교 초창기에 외부 기관인 '대한민국 교육봉사단'의 도움을 받아 '씨드 스쿨'을 열었다. 매주 화요일 오후 12주 과정으로 학생들이 자아 정체성을 탐구하고 자기존중감을 높이며 셀프 리더십과 사회적 리더십을 함양하는 '비전 코칭 프로그램'과 자기주도적 학습법을 지도하는 '학습 코칭 프로그램'을 운영했다.

덕양중학교 건너편에 있는 항공대학교 학생들의 교육 봉사를 받아 멘토링 활동도 진행했다. 아이들은 같은 동네지만 한 번도 만나보지 못한 대학생들을 형, 언니처럼 만나니 무척이나 좋아했고, 대학생들도 보람을 느끼면서 열심히 멘토링을 진행해주었다. 하지만 외부 기관의 도움이 언제까지 지속될지 불안했고, 그들이 덕양중학교 아이들의 상황을 정확히 이해하는 것도 아니었다. 그때부터 학부모들이 마을교육의 주체로 등장하기 시작했나.

학부모들은 아이들이 더 잘 배우고, 더 잘 놀 수 있는 기회를 마련하기 위해 함께 고민했다. 그리고 그 해답을 학교 안에서 찾았다. 그래서 2013년부터 '화전마을학교 교실'이 학교 안에 만들어졌다. 마을 안에 아이들을 위한 장소는 학교밖에 없기 때문에 학교에 마을학교 공간을 마련한 것이다.

먼저 '청소년 휴카페'를 만들어 학생들에게 건강한 먹거리를 제공하는 것부터 시작했다. 학교 주변에 아이들이 갈 만한 분식점도 없어 처음에는 유기농 간식이 맛없다고 푸념하던 아이들도 단골 고객으로 변해갔다. 아이들의 소박한 기쁨을 위해 학부모들은 직접 물건을 구매하고 판매하고 정산하는 노력을 쏟았다. 학교 주변에 편의점이 생기면서부터는 학생들도 운영에 참여하는 매점으로 바뀌었다. 아이들 의견을 반영해 메뉴도 다양화하고, 위치도 옮기고, 운영 시간도 바꾸면서 매점이 더욱 활기를 띠었다. 학교협동조합에 대한 논의가 시작되면서 이를 위한 학습 모임도 운영되고 있다.

화전마을학교는 아이들이 낙후된 마을에서도 친구들과 더불어 잘 살아가기 위해 필요한 '삶의 기술과 나눔'을 기르는 것을 목표로 했다. 그래서 나무도 만지며 자기 마음도 만지는 생태목공, 동네 망월산에서 노는 망월산 보물찾기, 마을 지천에 피어 있는 야생화를 천으로 옮긴 야생화 자수, 생태텃밭 등을 열었다. 차도 지나다닐 수 없을 정도로 좁은 마을 골목에 돗자리를 펴고 골목놀이 축제와 '별별장터'를 열어 아이들이 마을과 만나는 기회를 만들었다. 아이들은 자연스럽게 동네 골목, 학교 뒷산을 알아갔고, 마을 어르신들과도 만났다.

좁은 골목에서 돗자리를 펴고 공기놀이, 과자 따먹기, 사방치기를 하며 깔깔거리는 아이들의 웃음소리가 퍼져 나가자 동네 할머니들이 "애들 소리가 참 좋네. 우리 동네 생기고 처음이야." 라며 함께 웃었다. 그렇게 인연이 되어 아이들과 학부모들이 함께 경로당 평화봉사도 하고, 할머니의 레시피를 전수받은 마을 밥상도 마련하고, 텃밭 김장 나눔 같은 행사도 해서 아이들에게도 많은 추억을 선사해주었다.

목공 수업을 한 지 두 해 만에 20년 된 학교 식당의 식탁을 교체하기도 했다. 교장과 의기투합한 화전마을학교 목공팀이 나서고, 학부모와 아이들까지 모두 참여해 학교 식당에 놓을 식탁을 만들었다. 자르고, 문지르고, 20년 쓴 식탁 다리까지 재활용해 만든 학교 식탁에 천연오일을 일곱 번이나 바르며 오래오래 잘 쓸 수 있기를 염원했다. 2019년에는 교장실의 책상과 소파와 탁자도 목공 동아리 어머니들이 멋지고 세련된 탁자와 책상으로 교체해주었다.

마을학교 교사들은 자유학기 주제 선택 활동으로 '텃밭요리', '미디어 창작반'을, 진로 활동으로 '사람책 학부모 특강'을, 동아리 활동으로 '목공 동아리', '벽화 동아리'를 운영하였다. 방과 후 학교로는 생태목공, 자수, 맛탐험대, 생태텃밭 등을 열었고 학부모와 지역 주민들도 기꺼이 자신의 소중한 시간과 재능을 내주었다.

아이들은 마을교육공동체를 통해 낙후되고 후미진 마을을 조금씩 삶의 터전으로 여기며 애정을 품었다. 우리 마을에 어떤 곳이 있는지, 그곳에 어떤 역사가 있는지 하나씩 알아가는 재미도 느꼈다. 아이들은 점차 '내가 마을을 위해 무엇을 할 수 있을지'도 고민했다. 그렇게 하여 '1인 1프로젝트 참여활동'을 통해 '나눔 공동체', '예술 공동체', '협동조합 공동체' 활동을 진행했으며 미술 수업, 자유학기 활동, 동아리 활동 시간을 활용해 마을 담장을 예쁘고 보기 좋게 꾸미는 '벽화 그리기 활동'도 했다.

이처럼 덕양중학교의 혁신학교 도전은 학생, 교사, 학부모의 변화에만 그치는 게 아니라 지역사회 공동체의 변화도 이끌어냈다. 나무가 자라지 않고 사람의 온기가 사라진 황무지가 아이들의 고사리손과 열정과 뜻이 있는 교사와 학부모들, 그리고 마을 어른들의 공감을 통해 조금씩 나무가 자라고 꽃이 피며 열매가 맺히는 비옥한 토양으로 변해갔다.

　학교가 살아나면서 아이들의 해맑은 웃음소리가 들리기 시작
했고, 교사와 학부모의 얼굴에 환한 미소가 퍼져 나갔으며, 마
을의 낙후되고 침침한 골목에 따스한 빛이 스며들었다. 그렇게
덕양중학교는 학교와 공동체의 얼굴을 조금씩 새롭게 바꾸어
나갔던 것이다.

닫힌 마음의 교문을 열고
돌아오는 아이들

덕양중학교 졸업식 현장은 언제나 울음바다가 된다. 교장인 내게 안겨서 통곡하듯 우는 아이들로 강당이 떠내려갈 듯하다. 아이들을 떠나보내는 나도 울컥하고, 그 모습을 바라보는 학부모들도 눈물을 글썽인다. 학생들은 3년 동안 주인이 되어 다양한 추억과 이야기를 만들었던 학교와 마을을 떠나는 것이 아쉬운 나머지 선생님들을 붙잡고 하염없이 눈물을 쏟아낸다. 아이들을 진심 어린 사랑으로 대했던 선생님들도 이별의 슬픔을 참지 못하고 눈물을 훔친다. 이 모습을 지켜보는 재학생들도 옆에서 함께 눈물을 흘린다.

매스컴에 소개된 졸업식 풍경을 보았던 몇몇 분은 믿지 못하겠다는 듯이 내게 질문을 던지곤 한다.

"아이들이 담임이나 친구도 아닌 교장 선생님에게 스스럼없이 다가가 안겨서 우는 게 어떻게 가능한 건가요?"

"대체 어떻게 하면 아이들이 그렇게 학교생활에 감동받을 수 있는 겁니까?"

사람이 사람에게 감동을 받는 이유가 한두 가지만은 아닐 것이다. 그럼에도 공통적으로는 사람 그 자체로 존중받는 경험을 통해 누구에게나 순수한 감응이 일어난다는 사실이다. 누군가 진심을 다해 그의 말에 귀를 기울이고, 외모나 성적이나 재능이나 배경으로 판단하지 않고 하나의 소중한 존재로 존중해준다면 그 마음은 통할 수밖에 없다.

이렇게 말하고 보니 왠지 이상주의를 설파하는 것 같다. 하지만 내가 아이들에게 했던 일은 어렵지만은 않았다. 아니, 볏씨만큼 가벼운 권위를 내려놓기만 한다면 누구나 할 수 있는 일이었다. 매일 아침마다 교문에 나가서 밝은 미소로 아이들을 마중하며 친절한 인사 건네기, 지켜보며 관심 가져주고 그들의 이야기에 귀 기울이기, 때로는 속상했던 일에 대해 들어주기 같은 것들이다.

아이들은 어른들이 생각하는 것보다 훨씬 순수하고 단순하다. 추운 겨울에 얇은 양말을 신거나 아예 슬리퍼를 끌고 오는 아이들이 있다. 바들바들 떨면서도 코트 대신 굳이 얇은 옷을 입고 오는데 그 아이들에게는 그것이 '간지'이고 '폼'이다. 교문에 서 있던 나는 그런 아이들에게 핫팩을 하나 건네면서 "오늘 하루 따뜻하게 보내."라고 인사를 건넨다. 여름 장마철에는 주룩주룩 쏟아지는 소낙비를 온몸으로 맞으면서 무슨 황야의 무법자인 양 입술을 앙다물고 오는 아이들도 있다. 그럴 땐 우산을 건네며 "감기 걸린다. 우산 쓰고 가."라고 한마디를 건넨다. 이런 작은 친절과 관심, 따뜻한 말 한마디에 아이들은 감동하고 조금씩 변화하기 시작한다.

교장으로 취임하던 첫해 등교 시간 '아침맞이' 행사를 할 때만 해도 아이들의 몸은 통나무처럼 딱딱했다. 언제나 성적으로만 평가받을 뿐 한 번도 있는 그대로의 존재로서 환영을 받아본 적이 없었기에 얼떨떨했던 것이다. 그랬던 아이들이 단 일 년 만에 확 달라졌다. 교장인 나를 보고 '아빠'라고 부르면서 멀리서부터 달려와 스스럼없이 안겼다. 그런 아이들을 보면 나 역시 감동하여 등을 토닥일 수밖에 없다.

우리 교육은 아이들의 눈을 제대로 보고 있는가?

어느 날 어린 도망자 한 명이 적의 눈을 피해 숨으려고 조그만 마을에 왔습니다. 마을 사람들은 도망자에게 친절히 대해주었고 묵을 장소까지 제공해주었습니다. 그러나 도망자를 찾는 병사들이

와서 그가 어디에 숨어 있는지 묻자 마을 사람들은 모두 겁에 질리고 말았습니다. 병사들은 동트기 전까지 도망자를 내놓지 않으면 마을에 불을 지르고 마을 사람을 모두 죽이겠다고 협박했습니다. 마을 사람들은 목사를 찾아가서 어떻게 해야 할지 물어보았습니다. 목사는 그 소년을 적에게 넘겨주어야 할지, 아니면 마을 사람들이 다 죽게 두어야 할지 고심하다가 혼자 방으로 들어가 성경을 읽으며 동트기 전에 해답을 얻을 수 있기를 바랐습니다. 꽤 시간이 흘러 새벽녘이 되었을 무렵, 목사는 말씀 한 구절을 보게 되었습니다.

"온 민족이 멸망하는 것보다 한 사람이 죽는 편이 낫다."

목사는 성경을 덮고 병사들을 불러 그 소년이 어디에 숨어 있는지 알려주었습니다. 병사들이 도망자를 끌고 가 죽인 뒤 마을에서는 축제가 벌어졌습니다. 목사가 마을 사람들의 목숨을 구했기 때문입니다. 그러나 목사는 함께 기뻐하지 않았고, 깊은 슬픔에 잠긴 채 자신의 방에 틀어박혀 있었습니다.

그날 밤 한 천사가 그에게 찾아와 물었습니다.

"너는 무슨 일을 했는가?"

"저는 그 도망자를 적군에게 넘겨주었습니다."

"네가 메시아를 넘겨주었다는 사실을 모르는가?"

그러자 목사는 괴로워하며 반문했습니다.

"제가 무슨 수로 그것을 알 수 있었겠습니까?"

그러자 천사가 말했습니다.

"성경을 읽는 대신, 단 한 번이라도 소년을 찾아가 그 눈을 들여다 보았다면 너는 그 사실을 알았을 것이다."

헨리 나우웬의 《상처 입은 치유자》에 나오는 짧은 이야기이다. 헨리 나우웬은 이 우화를 소개하면서 시대의 잔학함을 피해 달아나는 이 시대 젊은이들의 눈을 들여다보아야 한다고 역설했다. 그러나 내게는 그 이야기가 단지 종교적인 메시지를 담고 있는 우화로만 읽히지는 않는다. 오늘날 대한민국 교육 현장에 대한 뼈 있는 일침으로도 들리는 것이다.

교육이 성공하기 위해서는 교육 정책을 수립하는 행정 관료부터 교장실이라는 자기만의 왕국에 머물러 있는 교장, 교무실에서 각자의 벽에 갇혀 있는 교사들, 아이들의 삶을 위한다는 평계로 자신의 욕망을 투사시키려는 학부모 모두가 깊이 고민하고 성찰해보아야 할 것이다. 오늘날 교육에서 가장 중요한 주체인 아이, 학생들의 눈을 어른들은 과연 제대로 바라보고 있는지를. 교육 당사자들은 너나없이 되새겨 질문을 던져보아야 할 것이다. 매일 아침 학교를 오가는 아이들의 눈과 목소리 안에 어쩌면 우리 교육이 나아가야 할 옳은 방향이 숨겨져 있는 것은 아닌지를.

오래도록 퍼져 나갈 '행복한 배움의 공동체' 씨앗들

언젠가 교장
실로 한 어머니가 찾아왔다. 전학 온 학생의 이름을 대면서 감
사 인사를 드리고 싶다고 했다. 알고 보니 그 어머니는 강원도에
서 이사를 왔는데, 덕양중학교 2학년으로 전학 온 딸이 아니라
뜬금없이 고등학교 2학년인 아들 문제로 감사 인사를 온 것이었
다. 이게 대체 무슨 말인가 들어보니 이런 이야기였다.

아들이 소심한 성격이라 전학 간 고등학교에서 친구를 사귀
지 못해 일주일 동안 점심을 먹으러 식당에 가지 않았다. 그러
다 2주 차가 되었을 때, 다른 아이 네 명이 다가와서 친절하게
왜 혼자 있느냐면서 함께 밥을 먹으러 가자고 이끌었다. 아들은
너무 고맙고 반가운 마음에 그들과 함께 밥을 먹고 공부도 함께
하면서 학교생활에 적응하게 되었다. 그렇게 말을 붙여온 학생
네 명이 모두 덕양중학교 졸업생들이라는 것이다.

공부만이 아니라 삶을 함께 배워나가는 공동체의 가치를 알
고 있는 덕양중학교 학생들은 그렇게 혼자인 아이들을 따뜻하
게 품어 안을 줄 아는 넉넉하고 따뜻한 아이들로 성장해 있었
다. 존중을 받아본 그들이었기에 진심으로 타인을 존중하고 배
려하며 어려움을 함께했던 것이다.

혁신학교 이전의 덕양중학교는 고립된 섬과 같은 곳이었다.
덕양중학교에 입학한 학생과 학부모들이 조금만 마음을 바꾸

면 10분 만에 고양 신도시의 다른 학교로 갈 수도 있었다. 어떤 학부모들은 내적인 갈등을 겪기도 했을 것이다. 그럼에도 많은 학생과 학부모들이 혁신학교인 덕양중학교를 선택했고, 새로운 배움의 공동체를 향한 길을 함께 모색해나갔다. 그 과정은 생명이 자라지 않는 불모지를 비옥한 토양으로 바꾸는 것에 비견될 만한 지난한 시간이었다. 그래서 힘들고 어려웠지만 또한 가슴 벅찬 기쁨과 보람도 느낄 수 있었다.

그래서 더욱 자신 있게 말할 수 있다. 덕양중학교의 교육 혁신은 단지 덕양중학교만의 혁신으로 그치지 않을 것이다. '더불어 사는 삶을 가꾸는 행복한 배움의 공동체'의 기쁨과 꿈과 희망을 체험한 학생과 교사와 학부모들은 각자의 가슴에 품은 작은 씨앗 하나를 마치 복음을 전하듯 더 넓은 세상으로 퍼뜨릴 것이다.

나 또한 학교를 퇴임한 후에도 현장 교사들과 만남을 이어오고 있다. 때론 슬픔에 차 있고, 때론 어려움에 빠져 있는 그분들에게 내가 겪은 혁신학교 이야기를 열심히 전파하고 있다. 그곳에서 보내는 시간 동안 내가 깨달은 사실들, 감동받은 이야기들, 때론 가슴 아팠던 이야기들을 전하고 있다. 그러면서 내가 만났던 그 투명하고 맑은 아이들의 눈동자를 떠올려보곤 한다. 아픈 학교를 떠난 많은 아이들이 다시 학교로 돌아와 굽은 어깨를 펴고 우울한 얼굴에 웃음꽃을 활짝 피우기를 소망한다.

그날이 올 때까지 나도, 나의 소중했던 씨앗들을 기쁜 마음으로 열심히 퍼뜨릴 생각이다. 그렇게 나는 아픈 학교를 바꾸는 길 위에서 뚜벅뚜벅 걸어갈 것이다.

마지막으로 그러한 내일을 향한 다짐을 내가 덕양중학교를 떠나는 날 아침 함께했던 아이들, 동료 교사, 학부모에게 건넸던 편지로 다시 한 번 되새기고자 한다.

사랑하는 덕양 가족에게

덕양 가족 여러분!
사랑합니다. 존경합니다.
그동안 혁신의 길을 함께 걸어준 모든 분들께 감사의 마음을 전합니다.
저는 덕양중학교만 생각하며 8년을 달려왔습니다.
마음은 항상 여러분에게 가 있었습니다.
멀리 출장을 나가서도 우리 덕양중학교 '행복한 공동체' 안에서는 지금 무엇을 하고 있는지 느낄 수 있었습니다. 여러분을 떠난 제 삶은 생각할 수도 없었고, 의미가 없었습니다.
행복한 공동체 덕양중학교를 떠나는 오늘, 후회하지 않기 위해 노력했습니다.
나의 모든 열정과 마음을 쏟아 여러분을 섬기고 싶었습니다.

때로는 어려운 일들도 있었지만, 선생님들과 함께한 의미 있는 고생이기에 오히려 따뜻한 사람들의 마음을 보게 되어 기뻤습니다. 따라서 대부분의 날이 즐거움으로 가득했습니다. 행복했습니다. 사랑하는 학생들만 생각하면 마음이 즐거웠고 행복했습니다. 존경하는 선생님들만 생각하면 기분이 좋아지고 마음이 든든했습니다.

그리고 저의 열렬한 팬이 되어 학교 경영에 적극 후원자가 되어주고 친구가 되어주신 학부모님들과 마을학교 선생님들만 생각하면 가슴이 따뜻해졌습니다.

공교육의 붕괴를 걱정하는 이들이 많이 있습니다.

나도 30년이 넘도록 그러한 걱정을 무거운 짐처럼 지고 살아온 선생이었습니다. 그러나 걱정만 하고 있을 수는 없었습니다. 대한민국 학교에서 희망을 보고 싶은 간절한 마음이 있었습니다.

건강도 돌보지 않고 뛰고 또 뛰었습니다. 그러나 희망은 보이지 않았습니다. 무한경쟁으로 몰아가는 대학입시 제도와, 절대로 사라지지 않을 것 같은 관료주의, 그리고 뿌리 깊은 인간의 이기심을 부추기는 세상의 문화가 학교에까지 들어와서 골리앗처럼 배움의 공동체를 방해하며 버티고 서 있었습니다.

그런데, 드디어 희망, 그 희망의 날이 왔습니다.

덕양중학교에서 그 희망을 보게 된 것입니다.

'더불어 사는 삶을 가꾸는 행복한 배움의 공동체'가 바로 이 자리에 만들어진 것입니다. 이제는 우리 덕양중학교의 교육 철학과 교육 과정을 교육계에서 인정해주게 되었습니다. 우리 덕양중학교의 교육 과정을 배우고 따라하고 싶어 하는 학교가 많아질수록 마음이 뿌듯하면서도 한편으로는 나와 우리 선생님들에게 무거운 짐으로 느껴지기도 했습니다. 그러나 기꺼이 즐거운 마음으로 져야겠다고 다짐하며 감당해냈습니다.

사랑하는 덕양 가족 여러분!
저는 덕양중학교에서 '사랑'을 배웠습니다.
'사랑'은 사람에게 생기를 부어주어 살리는 원동력임을 보았습니다. 타인을 사랑하기에는 많이 부족한 교장이었기에 의지를 다해 훈련했습니다.
'사랑'을 어떻게 표현할까 고민하며 노력했습니다.
첫 번째는 아이들이나 선생님들 그리고 학부모님들까지 공동체 구성원 모두가 성장하기를 잠잠히 '기다려주는 것'이 사랑이라는 것을 알았습니다. 서두르지 않고 가능성을 믿고 기다리는 연습을 했습니다.
두 번째는 사랑은 '친절함'으로 나타난다는 것을 덕양중학교 선생님들에게 배웠고, 저도 그것을 실천해보려고 노력했습니다. 요즘 사람들은 친절을 갈구합니다. 덕양중학교 아이들이 교장의 어설픈 친절에도 엄청난 반응으로 보상해주었다는 것이 그것을 증명합니다. 저는 아이들의 과분한 환대로 인해 참 행복했습니다. 그러한 마음이 8년 동안 아침마다 교문에서 아이들을 맞이하게 한 동력이었습니다.

세 번째는 사랑은 교장의 '개인적인 욕심이나 권위적인 태도를 버리는 것'이라는 것을 배웠습니다. 한국사회에서 교장의 권위적 태도를 내려놓는 것은 매우 어려운 일이었습니다. 교장이라는 직위가 주는 권위가 이미 너무나 커 있었기 때문입니다. 그러나 이제는 퇴임과 동시에 '교장'이라는 짐을 내려놓고 평범한 동네 사람으로 홀가분하게 살아갈 수 있게 되었습니다.

네 번째는 평화로운 공동체를 만들기 위해서는 교장이 '온화한 성품'을 유지해야 한다는 것을 배웠습니다. 교장이 크게 화를 내면 학교 분위기가 싸늘하게 식어버리는 경우를 교직에서 많이 보아왔기 때문에 각별히 조심하며 마음을 다스리는 훈련을 했습니다. 덕양중학교에서 선생님들을 통해 '온화한 성품'이 따뜻한 사랑의 공동체를 만드는 데 매우 중요한 요소라는 것을 확인하게 되어 기뻤습니다.

다섯 번째는 사랑은 '믿어주는 것'이라는 것을 배웠습니다. 믿고 맡기는 것입니다. 의심하고 경계의 눈빛을 보이면 사람들은 위축되지만, 반대로 믿어주는 분위기에서는 기를 펴고 자발성이 발현되며 인정과 격려를 받는 것이 되기에 진정한 배움이 일어나고 성장과 끈끈한 유대감이 만들어집니다. 우리 덕양중학교 아이들을 믿고 기다려주었을 때 밝게 잘 자라며 학생자치가 자리 잡게 되는 것을 보고 배웠습니다.

덕양중학교에서 여러분과 함께했던 날들은 제 인생에서 가장 행복하고 보람 있고 영광스러운 시간이었습니다. 함께 걸어온 모든 분들께 깊은 감사를 드립니다.

코로나 19로 인해 얼굴을 마주하지 못한 채 퇴임하는 오늘 아침에서야 사랑하는 덕양 가족에게 제 마음을 이렇게 편지로 전하게 됨이 매우 아쉽습니다.

우리가 함께 만들어온 '행복한 배움의 공동체'가 잘 성장하기를 기도하겠습니다. 저도 인생의 후반전을 아름답게 가꾸어 가도록 노력하겠습니다.

사랑합니다. 감사합니다.

퇴임하는 날 아침에

이준원 올림

무엇이 학교를 바꾸는가

1판 1쇄 발행 2020년 12월 28일
1판 4쇄 발행 2022년 1월 20일

지은이 이준원

펴낸이 김명중
콘텐츠기획센터장 류재호 | 북&렉처프로젝트팀장 유규오
북팀 박혜숙, 여운성, 장효순, 최재진 | 북매니저 전상희 | 마케팅 김효정, 최은영
책임편집 은승완, 임수현 | 디자인 co*kkiri | 제작 재능인쇄

펴낸곳 한국교육방송공사(EBS)
출판신고 2001년 1월 8일 제2017-000193호
주소 경기도 고양시 일산동구 한류월드로 281
대표전화 1588-1580 홈페이지 www.ebs.co.kr
이메일 ebsbooks@ebs.co.kr

ISBN 978-89-547-5646-4 03370